ELOGIOS POR ¿DÓNDE ESTÁN LAS INSTRUCCIONES PARA CRIAR A LOS HIJOS?

"Una de las características sobresalíentes de la Dr. Isabel, es que involucra sus conocimientos y su alma en toda actividad que emprende. En este libro se repite con más fuerza esa ecuación. Con texto ameno lleno de informacion importante para saltar aquellos obstáculos impredecibles que la vida nos coloca. Un libro para consultar una y otra vez. Felicitaciones. Hacía falta algo así."

—Don Francisco
"Sábado Gigante"
en Univisión

"Gracias a la Dra. Isabel, los nuevos padres meterán mucho menos la pata que nosotros a la hora de criar sus hijos."

—Cristina Saralegui
Periodista y Presentadora
"El Show de Cristina"
en Univisión y Radio Unica

"Cuando la Dra. Isabel habla los hispanos escuchan. La Dra. Isabel ha llenado un vacío muy grande que existe en los medios de comunicación en español en Estados Unidos, donde es difícil encontrar a un experto en salud y sicología que realmente sepa de lo que está hablando. Y la Dra. Isabel sabe. Mucho. Este es un extraordinario libro que, estoy seguro, debe tener toda familia que busque la felicidad, la estabilidad emocional y la madurez. En un lenguaje sencillo, pero directo, eficaz y lleno de verdadera compasión, la Dra. Isabel ofrece solución a los problemas más serios de nuestras familias; nada queda fuera. Este es un libro para leer, releer y regalarlo a los amigos."

—Jorge Ramos
Presentador
"Noticiero Univisión"

"Los consejos de la Dra. Isabel tienen un valor incalculable. Ella nos habla no solo como una profesional, sino como una mujer y madre que ha vivido en carne propia los tropiezos de la vida. Son consejos con compasión que vienen del corazón."

—Mária Elena Salinas
Periodista
"Noticiero Univisión"

"Es una guía muy útil que le sirve de gran ayuda a los padres para criar niños emocionalmente sanos, pero lo hace sin imponer criterios, ni moralismos."

—María Celeste Arrarás
Presentadora
"Primer Impacto" en Univisión

"Le escribo para felicitarla por su libro *¿Dónde están las intrucciones para criar a los hijos?* La información que he obtenido y lo que he aprendido sobre mi persona, mi familia y como educar mejor a mi hijo, me ha hecho sentir mejor que cuando voy al doctor al reconocimiento físico anual, y me dicen "todo está perfecto." Este libro es el mejor alimento para el alma que he asimilado en un buen tiempo. Es definitivamente una guía practica y espiritual para aclarar nuestra manera de pensar, ser una mejor persona, y poder triunfar en la vida. Es un libro para leerse una vez al año. Una vez más, felicidades por su gran contribución a la sociedad."

—Lili Estefan
Presentadora
"El Gordo y la Flaca" en Univisión

¿Dónde Están las Instrucciones para Criar a los Hijos?

La Dra. Isabel Gomez-Bassols

KENSINGTON BOOKS
www.kensingtonbooks.com

Los Kensington Books son publicados por

Kensington Publishing Corp.
850 Third Avenue
New York, NY 10022

ISBN: 0-965-03560-3

Impreso en Los Estados Unidos de América

CONTENIDO

Siendo la familia la piedra angular de nuestra sociedad, dedico estas páginas a mi familia de origen, mis padres y mi hermano Tony, los cuales formaron la base de mis conocimientos; a mi familia creada por Diego, y mis hijos Carl, Liza, Eric, Maggie, sus respectivos esposos Donna y Rafael y mis nietos Marco, Gabriela, Enzo y Diego, los cuales constituyen las columnas de mi experiencia y a la gran familia de Radio Única, que a diario alimentan la misión de que por medio de este libro puedan demostrar el amor a sus hijos de forma apropiada para que ellos se conviertan en la luz de un nuevo amanecer en nuestra sociedad.

Gracias, RU

INTRODUCCIÓN

Con cada niño que nace, nacen padres. Éste es uno de los regalos más maravillosos y bellos que la vida nos ofrece.

Pero, sea cierto o no lo que dicen —que cada niño viene al mundo con un pan debajo del brazo—, lo que sí es cierto es que cada uno llega con una carga de responsabilidades y nuevos retos para sus padres.

No importa que esos padres ya tengan otros hijos, con el que llega, no son sólo padres de nuevo, sino también nuevos padres. Porque al igual que todos aquellos que tienen más de un hijo pueden atestiguar, que cada bebé viene con su propio carácter, con su propia fuerza, con su propia vida. El padre que tendrá éxito en la crianza de ese niño es el que lo ayuda a caminar, no sólo al dar sus primeros pasos como bebé, sino también a encaminarse en la vida con un mínimo de frustraciones, conflictos y luchas, reconociendo y aceptando la individualidad de ese hijo. El padre exitoso aprende a escuchar a su niño y a prestarle atención a las señales de su lenguaje no verbal, el de su cuerpo y cara, y le responde de manera consistente, demostrándole en todo momento un amor incondicional.

No siempre es fácil, yo lo sé. Todos los días en mi programa nacional de radio, recibo llamadas de madres y padres al punto de la desesperación, buscando cómo soportar las rabietas de una niña, cómo lograr una noche de descanso con un pequeño que se resiste a dormir en su propia cama, o cómo controlar las malacrianzas de un adolescente. Es decir, cada día me llegan un sinfín de llamadas que confirman la gran verdad: que criar hijos es la labor más regocijante, agotante, excitante, enojante, difícil, y de mayor recompensa que haremos en nuestra vida.

En sí, no es tan abrumador como parece. Como madre de cuatro hijos, con casi treinta años de experiencia en pedagogía y como psicóloga que ha trabajado con los casos de niños más difíciles, y ahora, al ayudar a familias que llaman a mi programa radial diariamente desde los confines de los Estados Unidos, he aprendido que existen ciertas técnicas que funcionan en todos los niños. Todos.

No importa la edad que tenga su hijo o hija. Nunca es demasiado tarde para mejorar su vida. Espero que este libro les enseñe a perdonar lo pasado y a tomar responsabilidad por lo que esté mal hecho, y pedir perdón, humildemente, porque esta es la mejor forma de eliminar las excusas.

Muchas veces entra una llamada al programa: "Doctora, ¿por qué mi niño de seis años siempre le está dando golpes a la de cuatro, y me contesta mal, y es majadero y...?". Cuando investigo, es que descubro el resto de la mala crianza. Durante mis años como educadora, me cansé de ver casos donde los padres se quejaban de los maestros, sólo para acabar por darse cuenta de que hubo algún error en la crianza.

Este libro le sirve a todo el mundo. Le vendría muy bien a aquellos que están pensando en casarse. Pero si ya han tomado la decisión, o han hecho el compromiso de vivir juntos, ¿cómo pueden arreglar la situación? Si ya están casados, este libro les enseñará cómo tener tiempo para analizar el porqué están reaccionando de una manera o de otra.

En el caso de que usted no sea madre pero sea una tía ó una abuela maravillosa que se interesa por los niños, este libro la orientará en la crianza y el bienestar de éstos.

Una vez alguien me dijo que yo era como esa figura legendaria de la historia estadounidense, Johnny Appleseed. Pero, en vez de sembrar árboles, lo que yo sembraba era esperanza en las familias. Porque sé que en un momento dado, si has sembrado la semilla con compasión y esperanza en el alma de cualquier ser humano, y si dejas que se asiente, esa semilla puede germinar cuando la persona esté lista.

Creo que hay un dicho muy sabio que dice que "el

maestro aparece cuando el alumno está listo". Por eso creo en no ser jactancioso, en tener paciencia, en comprender que no eres tú sola la que va a echarle agua a esa semilla. Con simplemente hacer tu deber y cumplir con tu responsabilidad, nutrirás y llenarás el alma de esa persona.

También yo le digo muchas veces a los padres que la razón por la cual ustedes me han llamado es para aprender, en otras palabras que eso me indica que ustedes tienen buenas intenciones. Lo mismo es cierto de esos que están leyendo este libro ahora. Yo les pediría que no se sientan culpables del resultado de la crianza de sus hijos. Porque el 60 por ciento del resultado de dicha crianza depende del temperamento del muchacho. No puedes culpar al niño por todo, pero tampoco te puedes echar toda la culpa encima.

Porque ese sentido de culpa no te dejará avanzar. Ese sentimiento de culpabilidad es tan pesado que no podrás dar un paso hacia adelante.

No somos perfectos. Estamos haciendo lo mejor que podemos. Con este libro pueden analizar de qué forma pueden ser mejores padres, sin comparaciones entre el uno y el otro.

El mensaje principal que quiero hacerles llegar es que la familia es la piedra principal de la sociedad. Cuando la familia empieza a desmoronarse, y ya hemos visto el gran número de hogares donde sólo lo dirige la madre, nuestra sociedad, la estructura de la misma también se desmorona. Estamos viendo los resultados en el aumento de aislamiento personal, aumento de adicciones, índice de violencia y falta de valores morales.

Yo tengo fe en la familia, a pesar de que mi propio matrimonio no pudo continuar y después de 30 años me divorcié. Jamás he dejado de reconocer la importancia que tiene una mamá, un papá, una familia que sepa lo que es tener diferentes opiniones, y donde los hijos aprendan que sí existen problemas en la vida pero que también se pueden resolver. La familia debe ser lo más importante, por encima de todo.

Quiero hacerles llegar el mensaje de que dentro del ser humano existe el poder de construir su propia vida y de cambiarla también. A todos nos pusieron en esta tierra por alguna razón, pero está en cada uno de nosotros de encontrar ese propósito, esa razón.

Teniendo en cuenta que somos productos de lo que nos inculcaron nuestros padres, abuelos y las generaciones anteriores, tenemos que entender que está en nuestras manos el cambiar el futuro de nuestros hijos y futuras generaciones.

Yo creo que eso es más importante que los bienes materiales. Personalmente me entristece tratar a diario, y por los últimos 30 años ya sea como educadora, ya como psicóloga, o como consejera, con el daño que les hemos hecho a nuestros hijos. Y creo que nosotros mismos somos en muchos casos ejemplos de lo que puede traumatizar a un ser humano.

A lo mejor tú has pasado por un trauma horrible pero has podido superarlo e identificar la habilidad que vas a utilizar cada vez que tengas un problema. Pero si has pasado por un trauma, y te percibes como víctima, entonces vas a continuar siendo víctima, y desgraciadamente ni vas a evolucionar ni vas a salir del pasado.

Lo más importante es vivir el presente —después de haber analizado y procesado el pasado— para poder entonces lograr ese futuro que deseas.

Con todo lo antes mencionado y con este libro, podrás hacerte de una familia feliz y una vida mejor.

Comencemos juntos esta jornada.

CAPÍTULO UNO

REVISANDO
LA MOCHILA

La familia comienza con la pareja. Y la pareja comienza con el individuo.

Por eso es necesario conocernos a nosotros mismos— realmente conocernos— como individuos que somos, si es que queremos tener una familia sana y feliz.

Todos estamos individualmente formados por un sinfín de experiencias vividas. Cada evento, cada comentario, todo lo que nos sucede a cada instante de nuestras vidas nos deja una huella que nos moldea, ya sea visible o no. Algunos de estos hechos nos hacen parecer más hermosos de lo que somos y otros nos dejan cicatrices profundas y permanentes. Parecemos piedras en el río del tiempo, moldeadas por el fluir de las aguas de los hechos que nos han tocado.

Pero a diferencia de las piedras, nosotros no permanecemos estáticos, permitiendo que todo nos pase por encima como las aguas del río. Somos viajeros en el camino de la vida, desempeñamos un papel activo, y mientras andamos por ese camino coleccionamos recuerdos, los metemos dentro de nuestras mochilas invisibles que todos portamos y cargamos con ellos por dondequiera que andemos, ya sea para bien o para mal. Algunos de ellos nos sirven de herramienta para lidiar efectivamente con situaciones similares que se nos presentan más adelante, pero otros son como las piedras que nos pesan y debilitan. Algunos, aún peores, son como un tóxico, nos dañan y destruyen nuestras relaciones.

La mayoría de nosotros no nos damos ni cuenta de las prendas de recuerdo que cargamos y raramente nos percatamos de cómo estas reservas de nuestro pasado afectan nuestro presente, pero esto es un hecho. Reaccionamos moldeados por los hábitos, las heridas y las alegrías. Hasta que nos tomemos el tiempo de revisar lo que cargamos en nuestras mochilas, e identificar lo que en ella llevamos, no podremos darnos cuenta de cómo es que nos afecta, si nos está dañando o ayudando, y no podremos decidir conscientemente si éstos son hábitos y reacciones con los cuales nos queremos quedar, cambiar o desechar.

Cuando yo me casé, cargaba una maleta llena de muchas cosas, por si esto o lo otro me faltaba. Me llevé todas esas cosas conmigo y nunca las usé. Así nos sucede a casi todos, que a veces cargamos con demasiadas cosas del pasado que deberíamos eliminar.

Cada uno tiene que encontrar su maleta, porque

cuando yo preparo la mía, no te pregunto a tí lo que debo llevar.

NIÑOS MALCRIADOS; NIÑOS RESPONSABLES

Lo de conocerse a uno mismo es muy importante. Todo comienza con un repaso de lo que cargamos en nuestras mochilas. A través del proceso, nos encontramos con el niño que llevamos con nosotros durante toda la vida: el niño interior.

No importa lo adultos que seamos, ni tampoco lo adulto que nos creamos ser, todos tenemos un niño dentro quien en la mejor de las circunstancias nos invita a jugar y nos muestra las alegrías simples del momento, como volar un papalote, sentir la arena caliente entre los dedos en la playa, montar bicicleta. Pero a este mismo niño le dan rabietas, actúa de forma egoísta y se resiente lleno de ira. Y de la misma manera en que tenemos que laborar hacia lograr el buen comportamiento de nuestros hijos, así también tenemos que enseñar al niño interno a controlar sus impulsos y reacciones.

Según viajas por el camino del autodescubrimiento, debes de preguntarte a ti mismo si eres un niño responsable, o eres un niño malcriado.

Una manera de comenzar a conocer al niño interior es la de prestarle atención a las cosas que más te molestan. Lo que te molesta en los demás es probablemente aquello que fue una debilidad tuya o una que temes haber tenido.

Todos tenemos al niño malcriado por dentro. Debemos encontrar a nuestro niño herido, reconocerlo, tranquilizarlo y decirle que nosotros, el adulto, se va a ocupar de esos temores que él tiene.

HERIDAS DEL PASADO

Hay que tomar el riesgo de analizar quiénes somos, cuales son nuestras heridas del pasado, quién nos hirió, etc., para entonces poder identificar el temor principal que nos lleva a actuar con ira, tristeza o frustración.

Esos son los puntos por los cuales vamos a tener faltas en el matrimonio y con nuestros hijos. Si queremos mejorar nuestras relaciones, tenemos que identificar lo que es el miedo. ¿Cuáles son tus temores principales?

Los temores que uno carga son las piedras con las cuales tropezamos en el camino, las piedras que te hacen como eres. Al reconocer estos temores, ya puedes comenzar a convertir esas piedras en pasadera.

Puedes hacer el siguiente ejercicio: Toma un papel y haz una tabla de tus heridas: ¿Qué sientes? ¿Quién te hirió? ¿Cómo te hirió? ¿Por qué lo hizo? Y cuáles son, por ejemplo, las cosas principales que tenemos que atender. ¿Cuáles son tus dolores, tus resentimientos, tus sentimientos de culpabilidad? Tu vida, ¿de dónde vienes? Tu orgullo, ¿en qué se basa? ¿Tus dudas?

Pueden haber más cosas. Pero para comenzar, estos son los puntos que por lo menos nos pueden indicar dónde comenzar a trabajar y analizar las dolencias. Porque de ahí, sin falta vamos a dar con el niño interno.

Entonces se identifica el miedo a la inseguridad financiera, miedo al rechazo, miedo a que alguien se dé cuenta de que no somos muy inteligentes.

Al identificar esos temores, estamos alerta ante nuestras debilidades y podemos empezar a trabajar sobre cómo desecharlos para no transmitirlo a nuestros hijos.

EL IMPACTO DE LA INMIGRACIÓN

Los jóvenes de hoy día son el resultado de los años sesenta, setenta y ochenta. Todos hemos pasado por ciertas etapas, sobre todo los hispanos, y ahí estoy incluyendo todo lo que ocurrió políticamente en Latinoamérica, la guerra entre los contras y los sandinistas en Nicaragua, la dictadura de Pinochet en Chile, el régimen comunista que ha mantenido Fidel Castro por más de 40 años en Cuba, el narcoterrorismo en Colombia y los desvanecimientos de estos países.

Entonces, ¿qué sucede? Que llegamos aquí como inmigrantes, y ahí es donde viene el impacto cultural hispano. Además, como se trata de los famosos años sesenta y setenta de las drogas, se ha comprobado que existen componentes genéticos que afectan a los hijos cuando el padre y/o la madre ha usado drogas, como en los casos de los bebés nacidos de madre adictas a la cocaína "crack". Sabemos que muchos de los que componen esta generación se involucraron en las drogas.

Les puedo decir que en el grupo con el cual yo me codeaba, no se usaba la marihuana, pero al mismo tiempo vi otras personas que sí lo hicieron. Otros se alcoholizaron.

Por tanto hay muchas influencias que se agruparon en los años sesenta y los setenta, las cuales al nivel hereditario nos impactan.

Aparte de eso, al nivel emocional, como inmigrantes no quisimos que nuestros hijos pasaran las necesidades que nosotros pasamos. Si venimos de otros países en busca de una mejoría económica, entonces tratamos de darles a nuestros hijos todo lo posible. Y si el inmigrante viene con la filosofía de la búsqueda del "dólar todopoderoso", esto nos indica la forma en que van a criar a estos niños.

Se ve en el ejemplo del padre que tiene dos trabajos para comprar una casa, y se le olvida formar un hogar. El caso de "Voy a comprar una casa en mi país, por si acaso regreso un día", y trabajan como demonios todos en la casa, y los hijos están solos.

De alguna forma, aunque queramos decir que somos diferentes a los americanos, a la vez que ponemos el pie aquí, muchos nos convertimos en eso. Porque históricamente, si analizas la historia de los Estados Unidos, la gente venía aquí a mejorar y progresar económicamente. El factor económico, dinero, valores materiales, es bien importante.

Y con esto no estoy diciendo que está bien hecho. Estoy diciendo que realmente tenemos que analizar un poco más. Sí, vamos a tener más dinero, pero ¿cuál es el precio que queremos pagar? Hacer un análisis, decir "¿Vale la pena que yo trabaje y que me mate? ¿Para qué? ¿Para que cuando mis hijos tengan 18 años vengan los problemas y yo no los conozca?".

EL IMPACTO DEL ABUSO

El otro problema que me ha ocurrido muchísimo, que es muy doloroso, es el de padres que me dicen: "Este muchacho está muy mal; es rebelde, grosero, mal hablado...", e inmediatamente empiezan a hablar de ellos mismos. Y yo les pregunto: "¿Con quién dejaste al niño?"

"Con mi papá", responden, o "con mi mamá".

Entonces les digo "¿Puedo hacerte una pregunta? ¿Quién fue el que abusó de ti cuando eras un niño?".

Entonces empiezan a llorar.

"No me digas que fue tu padre".

"Sí".

Entonces les digo "y, ¿por qué dejaste a tu hijo con él?".

"Porque pensé que era sólo yo el culpable".

Todos los niños abusados del mundo se culpan a ellos mismos por el abuso que reciben. Pero ya tú eres un adulto. Ahora piensa ¿Cómo vas a dejar a tu hijo con alguien que abusó de ti? ¡No puede ser!

Son temas que tenemos que tocar también: ¿Cómo fue tu niñez? ¿Quién fue tu papá y tu mamá?, ¿Cómo fue tu relación con ellos?

MEDITACIÓN

¿Qué tipo de ejercicio pudiera recomendarles para lograr esto? ¿Cómo llegar a reconocer nuestros temores y conocer a nuestro niño interior? Todos tenemos problemas, pero ¿cómo podemos encontrar el camino a la paz?

La meditación. Sólo toma unos cuantos minutos diarios, digamos 20, pero la relajación que le produce a nuestra mente y cuerpo nos abastece de una nueva energía, a la vez que nos conduce a la tranquilidad interior. Éste es el momento de reemplazar los pensamientos negativos con pensamientos positivos. Para hacer esto, siéntate o acuéstate confortablemente. Luego cierra los ojos y respira profundo y lento unas cuantas veces. Concéntrate en tu respiración mientras te dejas ir, suelta todas tus tensiones.

Quiero que se acostumbren a hacer ese tiempo para pensar en sí mismos. Todos tenemos alguno que otro trauma, unos más que otros. La meditación reduce el estrés y aclara la mente, lo cual te puede ayudar a entender ese pasado y poderlo desechar.

Con el tiempo y la práctica, también podrás lograr pasos más activos. Como los de visualizar. Y por medio de la visualización, podrás llegar a las afirmaciones y así sentirte más fuerte como persona. El yoga, y a diario leer libros quete alimenten tu espiritú son los instrumentos que te ayudarán a crecer emocionalmente.

CONOCE TUS NECESIDADES

Es importante saber algo: ¿Cuál es el momento que tú necesitas (porque todos lo necesitamos) de paz y tranquilidad?

Yo necesito, cuando llego de la estación de radio,

que me dejen tranquila. Y como éste es el momento que no hay nadie en casa, que mi hija Maggie no ha llegado todavía, que mi hijo Eric no ha empezado a llamar, pues, lo aprovecho. Me siento en una butaca que tengo y ése es mi tiempo. Ése, y por la mañana, porque cuando me levanto acostumbro a orar, leer el periódico, tomar café y prepararme para recibir lo mejor de este día.

Cuando mis hijos estaban pequeños, si yo estaba leyendo, a mí me molestaba cuando empezaban a correr y a gritar alrededor mío. Lo cual era obvio que lo iban a hacer. Entonces lo que hacía era que les decía que ése era mi tiempo tranquilo. La realidad es que para hallar un poco de paz, empecé por cambiar mi momento también. Desde que mis niños eran chiquitos, yo me sacrificaba y me levantaba más temprano para poder tener mi tiempo personal.

Y eso es algo que los adultos no quieren reconocer. Tú tienes que ajustarte. Si el niño se despierta a las seis o a las siete de la mañana, y estás leyendo el periódico, y a lo mejor él quiera hacerte preguntas, entonces levántate antes si éste es tu tiempo personal, media hora antes.

Y ¿sabes qué? Yo noté que mis hijos se acostumbraron tanto a eso que luego ellos no me hablaban hasta que yo les hablara. En cuanto yo les hablaba, ya empezaban: "¿Mami, ya está el desayuno?". Y listo. Pero tienes que hacerlo con suavidad, no con brutalidad.

Date cuenta de que tienes que ser realista en lo que tú expones, en lo que tú quieres hacer. Por favor no trates de que un niño esté callado y tranquilo a las tres de la tarde, porque quizás ésa no es su hora de tranquilidad.

Mi nieta, Gabriela, se levanta por la mañana, solita, no la molestes, y se va a jugar. Éste es su momento de jugar. Cuando al fin te habla, lo primero que hace es pedirte la comida. Ésa es la de tres años.

A mi nieto, Marco, no le interesa comer. No le hables, él está mirando a sus muñequitos, sus caricaturas. A la hora, casi por el reloj, te dice "Yo quiero cereal".

Cada cual tiene su tiempo, los niños y los adultos también. Entonces tú lo que empiezas a decir es "Está bien, tú tienes tu tiempo, pero yo tengo el mío".

Tienes que anotar las cosas que te molestan. Y reconocer que todos somos diferentes. A lo mejor papá no quiere hablar con los niños acabado de entrar por la puerta, es posible que necesite un tiempo para refrescarse. Pero esto es algo que hay que conversar. Y el esposo debe decirle a su esposa "Mira, cuando yo llego del trabajo, por favor no me mandes a hacer nada". Y entre los dos buscar la solución: "¿Cuál es la estrategia que vamos a seguir? Porque tienes que tener algún tiempo para dedicarle a los niños."

Entonces, el esposo pudiera decir "Bueno, dame como una media hora, o una hora, que me voy a bañar, voy a ver las noticias, y entonces regreso".

Así es que hay que reconocer y determinar ese momento de tranquilidad.

CAPÍTULO DOS

EL HUERTO FAMILIAR

La pareja es la base de la familia. Cuando la pareja se siente segura en el matrimonio, cuando su unión está fundada sobre las mismas creencias, principios y valores, entonces estos proveen la base firme sobre la cual crece una familia sana y feliz.

Si el matrimonio no está seguro, si no se aman el uno al otro, no pueden soportar la crianza de un hijo. La crianza de los hijos no es fácil. Hay muchas cosas lindas, pero tienes que estar decidido a tenerlo por la razón correcta. No porque tú sientes que te gustaría tener hijos debido a cualquier idea que tengas en tu mente.

Hay mujeres que lo hacen para aguantar a un hombre. Eso es horrible. ¿Para qué? ¿Para dejarlos? Si tú no te quieres, ¿cómo vas a amar a tu hijo? Ésas son las llamadas que recibo, y eso es increíble.

Me llamó a mi programa en Radio Única una mujer, una muchacha, que estaba viviendo con un hombre, pero él estaba casado en su país. Ellos llevaban un año juntos y ella quería saber si yo pensaba que era bueno que ella tuviera un hijo con él. Tenía 36 años.

Yo le dije "Yo comprendo que hoy en día hay mujeres que quieren tener hijos porque piensan que ya se les está acabando el tiempo biológico en que hacerlo. Pero yo creo que esto no es cuestión de un juguete, o de un traje que si no me lo pongo ya, dentro de diez años no me lo puedo poner porque ya estoy vieja. Es un niño que necesita, por lo general, a mamá y a papá. Y ¿este hombre se quiere casar contigo, o no? Creo que si tú no sabes bien la decisión que vas a tomar, no la tomes basada en que este hombre va a estar contigo. Si está casado, ¿qué trauma va a causar cuando se lo diga a la esposa? ¿Y qué le va a pasar a tu hijo con eso?".

Es importante que nosotros tomemos consciencia de lo que significa ser padre y madre. El motivo no es para arreglar el matrimonio. No es porque "Ay, se me está pasando la hora, y voy a estar con este hombre". Hay que saber lo que se está haciendo.

Debemos pensar que la relación de la pareja es como el huerto familiar, reconocer la importancia que hay en preparar y analizar el terreno antes de comenzar la siembra.

Debemos examinar el balance emocional de la pareja. Y estar conscientes del compromiso y el reto de ser padres en el nuevo milenio. Tenemos que considerar la nutrición de los padres, antes, durante y después.

Tenemos que discutir los factores a considerar cuando se va a tener un hijo. Y también preguntarnos cuándo es que se va a tener el hijo.

Yo me recuerdo que en mi mente de jovencita pensaba que yo quería tener seis hijos. Pero cuando analizaba lo que iba a costar criar esos niños y cuánto tiempo iban a requerir, me di cuenta de que era imposible.

Hay que preguntarse "¿Quién va a cuidarlo? ¿Quiénes son los parientes que van a participar en el desarrollo del niño? ¿Cuáles son las costumbres culturales y religiosas de que hemos hablado?".

EL COMPROMISO FUNDAMENTAL

Ha habido también un gran aumento en lo que es el vivir juntos sin compromiso. Yo siempre he dicho que hay tres ingredientes para que una relación funcione: Tiene que haber la química, compatibilidad y el compromiso. ¿Por qué un compromiso? Es lo que le da propósito a la relación. Hace que la pareja invierta en la relación. No es lo mismo alquilar una casa que comprarla. Por lo general, no. Recuerda que cuando tú compras una casa, y algo se ha roto, tu tratas de arreglarlo. O, si le falta pintura, la pintas.

El compromiso crea un sentimiento de seguridad emocional. Imagínate si tú estuvieras alquilando una oficina o una casa sin contrato. De un momento a otro te dicen vete.

Hoy en día muchas personas no quieren tener un

compromiso porque le tienen miedo al futuro: "¿Este amor irá a continuar?". Tienen miedo a haber escogido a la persona errada, y temor a convertirse en sus padres. Tienen miedo a ser heridos. Si tú tienes miedo a que te hieran, ¿por qué vas a invertir en la relación? Esto significa que tú lo vas a pensar antes de entregarte.

Tampoco compras la primera casa que tú ves "Ay, porque está linda". No. Tú vas a ver si tiene buena plomería, si la electricidad funciona. Además, en nuestra generación, hay que ver esa posibilidad. Pero no me digas que en dos días alguien te dijo que están enamorados de ti, y se quieren casar.

Existen esos flechazos, y puede ocurrir que sí funcionen. Pero yo creo que hay que conocer a la persona. Hay que explorar los valores. En otras palabras, hay que ver si ése es el tipo de mujer o de hombre con el cual tú quieres tener hijos.

Si la pareja se conoce como debe, entonces tiene la comunicación necesaria para poder hablar abierta y honestamente sobre su punto de vista en el desarrollo emocional, moral y cognoscitivo de los hijos.

Es importante que los padres hablen sobre el cuidado del niño, la salud, disciplina y las normas domésticas. El no hacer esto prepara el terreno de antemano para el conflicto entre la pareja debido a los diferentes estilos de crianza. Les pongo como ejemplo el caso del padre que llamó desde San Diego y dijo, muy típicamente "Yo pongo unas reglas y mi esposa las quiebra".

En este caso, el conflicto por el cual llamó fue debido a que sus hijas fueron a una fiesta con unas amistades. Él les dijo que regresaran a las ocho. Pero luego, "Sonó el teléfono, y era la mamá de la otra niña diciendo que las iban a llevar mas tarde. Yo le dije a mi esposa, dile que no, que no, porque aquí en esta casa hay reglas y se tienen que respetar. Si no las puede traer ella ahorita, tú vas y las buscas".

—Entonces —dije yo—, tú le diste la opción de que tú la ibas a buscar. Y ¿qué pasó?

—Mi esposa nada más dijo: "Está bien". Las esperé a las nueve, no llegaron, nueve y media, no llegaron, llegaron exactamente a las diez. Y yo le dije a mi esposa: "Por eso hacen lo que ellas quieren".

Le contesté: —Miguel, es que tú y tu esposa tienen una diferencia de opinión en cómo criar a los hijos. El problema es que los que salen perdiendo son los niños. Creo que estoy de acuerdo contigo, si tú pusiste una regla y diste la opción de irlas a buscar, tú deberías de haberlas ido a buscar.

Así creo. Pero el verdadero problema aquí no está en si debía o no haber ido a buscar a sus hijas. Éste es un ejemplo de las frustraciones y las dificultades que surgen cuando la pareja no se ha tomado el tiempo de hablar sobre las normas y reglas que ellos estiman necesarias. Una cuestión tan simple se ha convertido en un problema entre un padre y sus hijas, y también entre un esposo y su esposa.

Pero el verdadero daño perdurable se le está haciendo a los muchachos. Existen pocas cosas más dañinas para ellos que estar recibiendo constantemente mensajes inconsistentes de parte de sus padres. Si tú dices una cosa y tu compañera dice otra, entonces tu hijo vaga por un mundo donde las reglas varían de acuerdo a la situación, donde nada es seguro. Y mientras muchos piensan que un mundo sin reglas es un mundo libre, para los niños un mundo con reglas cambiantes engendra inseguridades.

Hoy en día también tenemos que pensar en la tecnología, el uso del Internet y televisión. ¿Cuáles programas? Y ¿por cuánto tiempo? Si los niños van a utilizar el Internet, debe ser en un lugar visible, donde puedes ver lo que están haciendo. Eso de que en el cuarto encerrado, nada. Con estos adelantos del Internet y la tecnología, los padres tenemos que darnos cuenta que existen unas posibilidades muy feas. Como dijo un amigo mío, el Internet es como la galería de tiendas más grande del mundo. Tú no dejarías a tu hijo pasear a solas por ahí, ¿verdad?

Otro problema del Internet que los psicólogos están notando es que es muy bueno para recolectar información, pero se están perdiendo las habilidades sociales que se adquirían cuando había ese lleva y trae con la maestra. En otras palabras, no hay interacción, por más que queramos decir que es una cosa interactiva, no hay interacción humana.

Inclusive lo estamos viendo en matrimonios que prefieren estar charlando en la red. ¿Quién sabe por qué? La esposa dice "No me habla, es seco, come, se mete adentro de ese cuarto, no le habla a nuestros hijos, no me habla a mí, yo me voy a dormir y todavía está ahí".

Entonces se vuelve una obsesión. Por supuesto, las

personas que hacen eso tienden a tener ciertas características de ansiedad, y el estar delante de la pantalla los calma.

Pero creo que como padres, lo mismo que vamos a limitar el tiempo de la televisión, hay que limitar el uso de la computadora. Porque nos vamos a volver una sociedad donde la comunicación no va a existir. No es lo mismo comunicarse con alguien por medio de la Internet, que hablarle a la persona por teléfono.

No estoy diciendo que todo el uso del Internet es malo. Pero yo creo que vamos a perder muchísimo en la cuestión de poder demostrar nuestros sentimientos, de poder hablar sobre como tú te sientes, de poder tener una discusión en la familia. Es un arma de doble filo. Creo que tenemos que hacer un análisis sobre esto.

Esos son temas de comunicación que la gente no se decide a hablar. Pero éste es un tema para un matrimonio. Por ejemplo, decirse el uno al otro "A mí no me gusta ver ese programa".

A mí no me gusta ver películas de horror. Para nada. Sin embargo, yo puedo trabajar con muchachos criminales, yo puedo hacer cosas que a otra persona no se le ocurrirían. Pero ¿por qué me voy a asustar con cosas feas que no existen en verdad? Si ya tengo bastante con la realidad de la vida.

Esos son los punticos que marido y mujer tienen que tratar: juguetes, espiritualidad, rituales familiares y días de fiesta. Porque muchas de las cosas que a nosotros nos gustan, nuestros hijos las van a copiar. No hay duda de eso. Yo veo eso en todos mis hijos.

FILOSOFÍA COMPARTIDA, VALORES COMPARTIDOS

Si no tienen ideas similares sobre el papel que desempeña el hombre y la mujer como pareja, y sobre la crianza de los hijos, entonces esto le causará tirantez adicional al matrimonio cuando éstos lleguen.

Es por eso que uno debe de discutirlo y estar de acuerdo antes de casarse. Uno de los valores significantes, por ejemplo, es la religión. ¿Son de la misma religión? ¿Qué van a practicar? Yo soy de la idea que si van a tener hijos, y si eres muy fuerte con tu religión, debes tratar de casarte con alguien de tu religión. Porque si es tan importante, va a ser un problema. Tarde o temprano, aunque él te diga que no es problema, va a ser un problema.

Deben preguntarse "¿Quién va a llevar las finanzas de la casa? ¿Van a compartir eso? ¿Él espera que tú trabajes? Y cuando los niños nazcan, ¿él va a esperar que tú trabajes?". Hay que examinar el impacto económico y cómo atenuar los gastos si se toma la decisión que mamá se debe quedar en la casa por los primeros dos o tres años.

Al igual, yo creo que es muy importante ponerle límites al trabajo. Por ejemplo, no todo el mundo trabaja de lunes a viernes, y no todo el mundo trabaja de día. Hay familias que trabajan de noche. Quiero aquí hacer un énfasis sobre algo que he visto mucho y que siempre ha traído tremendos problemas: el hecho de que mamá trabaja de día, papá de noche, y mamá y papá no se ven nada más que de paso.

No puede ser. Al menos que sea un momento financiero de crisis. Entonces que se le ponga un límite de tiempo. "Esto lo voy a hacer por cinco meses porque tenemos que hacerlo". Pero no debe de durar más de seis meses, porque desgracia el matrimonio.

También hay que considerar las relaciones importantes de la madre. Cuántas veces no me llegan llamadas como la de un muchacho que me dijo "Yo estoy a punto de casarme, pero mi suegra quiere vivir con nosotros".

Así es como empezó la llamada. Entonces yo le dije "Bueno, y ¿tú qué piensas de eso?".

"Bueno, yo no quiero".

"Y tu novia ¿qué dice de eso?".

"Ella sí quiere".

Pregunté la edad. Ella tenía 19 años, y esperando un bebé. O sea que ellos ya vivieron juntos.

Entonces él me dice "Pero una de las razones es porque la suegra va a cuidar al niño".

Y yo le pregunto "¿Tú te llevas bien con tu suegra?".

"No".

"Bueno", le dije, "entonces no te cases".

"Es que yo quiero que mi hijo tenga un padre".

"Bueno, entonces tú vas a tener que decirle a tu esposa que a ti no te gusta la idea de que la suegra viva con ustedes".

O sea que ésas son cosas que hay que hablarlas.

Y otra cosa: el mito del hijo ya adulto que llega aquí como inmigrante, pero siente que tiene una obligación con los padres en su patria. En muchos países de Sudamérica y de Centroamérica y de México, mantienen la idea de cuando llegan los hijos acá tienen que mandar dinero a mamá allá.

En muchos casos ha habido problemas bien grandes en su país, como el de no encontrar trabajo, y es necesario compartir. Pero también me he encontrado el caso de que una vez que pase ese tiempo de necesidad y ya la economía ha mejorado en su país, ellos le siguen pidiendo y pidiendo y no acaba nunca.

Entonces la esposa empieza a protestar. Muchas me han llamado: "Nosotros estamos pasando hambre aquí. A mis hijos les faltan zapatos. Pero mi esposo dice que él tiene que mandar dinero".

Ésa es una de las conversaciones que deben tener, la de "¿Qué vamos a hacer con las finanzas? ¿Cuánto dinero se les va a mandar? Y ¿por cuánto tiempo?".

O cuando mi hermanita, la prima o la tía quiere venir a este país, eso no quiere decir que vas a ser inhumano y no vas a dar una mano al igual que te la dieron a ti, pero hay que tener un contratito antes. "Bueno, nosotros te vamos a ayudar, pero por tres meses, por cuatro meses".

Y si viene familia de afuera a vivir con ustedes, deben preguntarse "¿Cuánto tiempo tú quieres que estén?". ¿Entiendes? No es correcto tener una hermana o un hermano que vengan a vivir con ustedes más de dos o tres semanas, porque dejar el plazo abierto y sin límites causa muchos problemas. A no ser que los valores personales de esa familia estén muy bien puestos.

HACIENDO UN INVENTARIO DE LOS VALORES

Es hacer una especie de cuestionario donde se hacen preguntas sobre ¿Qué es lo que piensas? ¿Cuántos hijos quieres tener? ¿Cuál religión es la que quieres practicar?

Hagan una lista de aquellas cualidades y virtudes que ustedes quieren ver en sus hijos. Esta lista debe ser hecha por mamá y papá. Pregúntense cuáles son más importantes. A veces van a haber conflictos entre ellas. No nos olvidemos que la disciplina no debe de destruir la espontaneidad de la familia, tal como poder irse de picnic en vez de comer en casa. O si el orden y la limpieza son importantes para uno, que no haya un conflicto en la familia por querer sentirse cómodos en su casa.

Pueden convertir esto en una especie de juego. Hagan una lista de preguntas similares a las que les he sugerido en este capítulo. Primero, que cada uno las conteste para sí mismo. Después, contéstalas como piensas que tu compañero/a las contestaría. Luego compartan las listas de respuestas con su compañero/a y conversen sobre esto.

Y se cambian los papeles. Y sabes por qué es importante, porque ése es uno de los ejercicios que más uso con las parejas que tienen problemas. Para poder romper el hielo y poder empezar una conversación, o tratar de establecer comunicación, les digo, "Yo quiero que tú escribas en un papel cuatro cosas buenas de tu matrimonio, y una que quisieras cambiar".

Entonces él también tiene que hacer lo mismo y tienen que intercambiar los papeles. ¿Entiendes? Que por lo general es el mismo tema.

Ése es un ejercicio que al principio funciona.

La pareja, de acuerdo a sus experiencias primarias individuales, debe darse cuenta de que el dedicarse a ser buenos padres hará que sus prioridades cambien, y serán más observadores sobre lo exitoso de otros padres, y por ende su lista puede cambiar. Al igual, pueden permitir que los hijos compartan sus deseos y decir cuáles son los valores que ellos quieren tener en su lista, de acuerdo a su edad.

Para los padres, les ofrezco este ejemplo de un cuestionario con el cual comenzar a explorar sus valores compartidos y sus diferencias. Piensa que esto es sólo un comienzo. Luego agrégale los puntos que te son más importantes y permítele a tu pareja que haga lo mismo. Luego siéntate y contesta las preguntas honesta y completamente. No lo tienes que hacer todo de un golpe. Tómate tu tiempo. Te aseguro que el tiempo que inviertan ahora les será devuelto con creces, debido al tiempo que no tendrán que malgastar resolviendo conflictos futuros.

VAMOS A CONOCERNOS DE VERDAD

1) Gustos personales / sociales

— Hogar – dónde vamos a vivir

— Vida social

2) Inventarios de puntos importantes

— Valores en común

— Necesidades personales

— Tiempos tranquilos

— Importancia de y gustos en la limpieza

3) Las finanzas

— Cómo dividir los gastos

— ¿A quién y cuándo le toca manejar las finanzas

— ¿Ahorros? ¿Inversiones? ¿Tarjetas de crédito?

4) Metas personales

— Quehaceres del hogar

— ¿Quién hace qué?

— ¿Turnos?

5) Niños

— ¿Tendrán? ¿Cuántos?

— Disciplina

— ¿Qué idioma hablaremos en la casa?

— Si la madre va a trabajar, ¿quién va a cuidar a los niños?

6) Trabajo

— ¿Quién va a trabajar fuera de la casa?

— ¿Cuál posición van a tomar si mamá es una profesional y la pareja tiene hijos?

— Si se toma una posición tradicional y la madre no trabaja —el respeto hacia lo que hace ¿será demostrado?

— Horarios

— Límites

7) Religión

— ¿Vamos a practicar?

— ¿Cuál?

8) La familia extensa

— ¿Qué importancia le daremos?

— ¿Limitaciones?

— Los suegros: ¿cómo tratarlos para llevarnos bien?

9) Relaciones sexuales

— Tabúes

— Frecuencia

10) Vacaciones/ Días festivos

— ¿Cuáles?

— ¿Tenemos tradiciones que indican cómo deben ser celebradas?

CAPÍTULO TRES

PRINCIPIOS

En una receta siempre hay ciertos ingredientes que en distintas medidas y formas están presente. Cuando vas a hacer un dulce, por ejemplo, usas la harina, el azúcar, la sal, la mantequilla. La medida que uses de cada ingrediente determinará la diferencia entre una torta que esté demasiado amarga, demasiado dulce o perfecta.

Es probable que tengamos una receta de familia de algún dulce especial, que ha sido transmitida de generación en generación. Por supuesto, que también es probable que esta receta, al pasar a través de tantas manos amorosas, cada cocinera le haya agregado una pizca de esto, y omitido un poco de lo otro. Cada nueva versión es maravillosa, pero ligeramente diferente a la anterior.

Muy a menudo, cuando nos casamos, le hacemos

unos cambios leves a la receta para nuestro nuevo compañero. Puede que la esposa se dé cuenta de que a su esposo le gusta con un poco más de azúcar, o quizás no tanto. Juntos logran una variación de la receta que quizás no sea exactamente como mamá la hacía, pero con la cual ellos se sienten contentos.

Lo mismo se aplica a nuestros hijos. Existen ciertos ingredientes básicos que componen la crianza de cada niño. Muchos, o quizás la gran mayoría, son transmitidos en la familia de generación en generación. Pero el nuevo padre adapta la receta a su gusto.

Debido a que la crianza de los hijos es una responsabilidad compartida, la pareja probablemente logre una variación de crianza, diferente a la de sus padres, pero que les funcione bien a ellos.

Con esos patrones de conducta de sus padres, están programando a sus niños. Por ejemplo, los padres que quieren siempre complacer a sus hijos y hacer que ellos se conviertan en un rey sobre la tierra. No quieren que el hijo pase por lo que ellos pasaron. Nadie quiere que su hijo pase trabajo, pero no puedes irte al extremo de darle tanto que al niño le quitas la iniciativa de terminar algo. Eso sólo logra convertir al niño en un adulto impulsivo. Pierden el control muchas veces y no tienen consideración de los demás. Al igual, cuando adultos, culpan siempre a los demás si no los complacen.

Y hay veces que esto los conduce a la adicción, ya que no logran llenar ese vacío jamás, porque le hicieron creer que él es el rey.

El problema es que necesita más y más y más porque, como mamá le dio tanto, y papá le dio tanto, cuando los gustos aumentan, ya no es suficiente ir un día al cine. No. Yo quiero ir a París. En vez de "Vamos a montar bicicleta al parque", "Yo quiero motocicleta". Empiezan a buscar lo que es el aflujo de adrenalina, más y más y más. Allí viene el peligro.

Otros padres utilizan castigos o la culpabilidad para insistir que se sigan reglas absolutas. Quieren controlar estrechamente a sus niños para que se adhieran esclavamente a normas estrictas de conducta. Estos padres son distantes, más controladores y menos cariñosos que otros padres. Los niños tienden a ser más conformistas, más infelices y retraídos.

LA INCUBADORA

El hogar es la incubadora de los principios, del desarrollo de aquellas cosas que los niños necesitan para crecer sanamente.

Ellos necesitan poder tener relaciones íntimas con las personas que los están cuidando. O sea que ellos puedan tener un sentido de confianza en mamá y papá, o en cualquiera que sea la persona que lo está cuidando.

También necesitan tener el sentido de saberse personas de valor, que tienen valor como persona para aquéllos que los están cuidando.

La importancia de esto ha sido reconocida desde tiempos antiguos. Los niños aztecas eran aceptados como parte del clan desde su nacimiento y recibían una cara y un corazón. La cara representaba el conocimiento de las tradiciones y costumbres del grupo, y les confería dignidad y respeto. El corazón simbolizaba la voluntad que les predisponía a tomar la dirección de la autodisciplina y la bondad. Otra cosa que se les enseñaba era los principios de moderación y el dominio de sí mismos.

Nos toca también, como padres, demostrarle a nuestros hijos cómo desarrollar lo que es el pensamiento analítico para poder tomar decisiones. Los niños necesitan poder desarrollar la curiosidad y poder explorar. Tienen que tener un medio ambiente donde ellos puedan desarrollarse o por lo menos ampliar esa curiosidad nata que ellos tienen.

Deben de poder lograr la forma de serle útil a los demás. Y para ellos es muy importante creer en un futuro donde hay esperanza.

Mamá y papá van a ser su fuente de conocimientos, y estos crean el ambiente en el hogar, donde crecen los valores morales.

También nosotros tenemos que preparar ese terreno para que ellos tengan deseos de querer leer, y el deseo de ser curiosos. Y si los padres no les hablan a los hijos, y ellos nunca los ven leyendo, y nunca les leen un libro, entonces no los motivan a que ellos lo quieran hacer.

Hay etapas en la vida de todos los niños. En los primeros meses, lo más importante para un bebé es el contacto directo físico, cara a cara con su madre y su padre. El poder mirar las caras. Ellos no necesitan juguetes. Ellos lo que necesitan son caras. Ellos empiezan a verse sus manitas, los pies, etc. Pero para que los niños puedan ver esas caras, los padres tienen que poder tener tiempo para estar con sus hijos.

Nuestra responsabilidad como padres o abuelos consiste no sólo en ayudarlos en su crecimiento o desarrollo físico e intelectual, sino también en su desarrollo emocional y moral. Entonces empieza lo que es el crecimiento. Después que ya tienes impuesta la disciplina, tenemos que enseñarles el desarrollo moral.

Uno de los estudios comparativos que se hizo, de todas las religiones del mundo, destacó ciertos valores en común. De esos puntos, un grupo de padres que ha tenido un impacto efectivo sobre sus hijos escogió los siguientes como las más importantes para enseñarlos: valor y perseverancia, espiritualidad, honestidad, humildad, generosidad, servicios comunitarios y educación.

Uno de los promotores e investigadores en el tema de la moralidad es Laurence Kohlberg. De él aprendí y puse en práctica un programa para enseñar a niños los valores de que hablamos, por medio de un programa implementado en una escuela primaria.

Estos niños venían de un barrio de familias de pocos recursos, en las cuales en muchos casos los padres, uno o los dos, tenían problemas serios con la ley. Muchos vivían en familias disfuncionales.

Fue parte de un programa para combatir la violencia. El programa se llamaba "anger busters", o sea, "rompe ira". Y una de las metas importantes de este programa era el desarrollo moral basado en las etapas de que habla Kohlberg.

Se les presentaban cuadros de situaciones paralelas a las etapas de sus vidas, donde se discutía entre ellos qué harían si estuvieran en esa situación, y la razón de su respuesta o su justificación. El líder sólo los guiaba con preguntas sobre cuáles serían las consecuencias de cada decisión que tomaran. Y así los llevaban al conocimiento de esos valores básicos, y al conocimiento de cómo incorporarlos en su propia vida.

Para nosotros, quizás lo más difícil en la crianza de nuestros hijos sea el tener que dar el ejemplo. A veces el mismo niño interno, que todos los adultos tenemos, nos hace comportarnos, aun con nuestros propios hijos, de cierta forma. Y a veces terminamos actuando de la misma forma incorrecta de nuestros hijos.

Nuestros hijos aprenden de lo que nos ven hacer. Si de veras queremos que nuestros hijos adopten estos valores, entonces también nosotros tenemos que regirnos por ellos, lo cual no implica que tenemos que ser unos santos. Pero si queremos que nuestros hijos no mientan y tengan palabra, entonces no podemos seguir prometiéndoles que vamos a jugar con ellos, o que vamos a asistir a la partida de fútbol, cuando no tenemos la más mínima intención de hacerlo.

Si queremos que nuestros hijos sean personas honestas, entonces tenemos que ser honestos con ellos. Si les prometes llevarlos al cine el sábado en la noche, entonces debes cumplirlo. Esto debe ser una prioridad para ti. Si una amiga te llama para invitarte a cenar ese mismo sábado, le dices a tu amiga que tienes una cita importante. De esta manera, tus hijos llegan a tener fe y confianza en ti. Y al conocer este sentimiento, entonces ellos aprenden a ser honestos con los demás.

EL HUMOR

Entre los ingredientes básicos, siempre hay uno del cual nos olvidamos. Éste es el humor. La pizca del humor es muy importante. La medida de moderación es importante. Y también, la perseverancia.

Lo que muy a menudo sucede es que cuando el niño viene a nosotros, comportándose como tal, tratamos de eliminar todos los rasgos de niñería. No solamente las malcrianzas, sino también el jugueteo, la maravilla y la alegría. Mi teoría es que no debemos de matar al niño interior. No debemos esconderlo. Lo que tenemos que hacer es enseñarlo a que no sea tan malcriado. Que sepa tener sus buenos modales, pero también que algunas veces podamos ser como niños con nuestros hijos, pero en la forma positiva de poder jugar con ellos, de poder reírnos de una bobería que puedan haber dicho ... el de bailar con ellos los viernes por la noche como hacía con mis hijos.

Yo ponía la música y estaba cocinando, y todos estábamos alrededor de la cocina y nos poníamos a bailar. Eran chiquititos. Pero lo he podido recrear con mis nietos. Eso me hizo brotar lágrimas de alegría de mis ojos. Hace como un año, yo estaba en casa de mi hija en Boston, y Gabriela, la más pequeña, debe de haber tenido como dos añitos, vino así, y puso la radio. Inmediatamente vinieron como abejitas, en seguida, y se pusieron a bailar. Yo la miré y dije "¡Dios mío!". Es que yo ni me atreví preguntarle a mi hija "¿Tú recuerdas? O ¿es que lo has hecho sin pensar?". Entonces ella me dijo, sin yo preguntar, "Esto lo hacemos todos los viernes".

Muy a menudo, estos rituales familiares nos dejan sus huellas, de la forma más inesperada. Yo veo a esta hija mía y a mis nietos bailando en la cocina los viernes por la noche, y pienso qué simpático. Porque ella, por lo visto, tiene una forma de expresarse muy linda. Ella siempre ganaba todos los debates —estaba en el club de debate—, y me dijo "Mamá, yo voy a ser abogada".

Sin embargo, me llamó en su primer año universitario y me dijo "Mamá, ¿tú te pones brava si yo sigo tus pasos?".

Así ven cómo estos juegos, estos bailes, ayudan a los niños a identificarse con su mamá y su papá. Es muy importante el bailar en familia, sanamente, y buscar esos rituales familiares que ocurren los viernes por la noche.

También sirve como una especie de compensación del estrés. O sea que estás toda la semana taca tacataca. Si programas tus rituales familiares para los viernes en la noche —juegos, bailes, lo que sea—, esto te obliga a descansar. Puedes relajarte y desconectarte del trabajo y los problemas de la semana laboral. Jugar con tus hijos no sólo te ayuda a conectarte con tu familia, sino también a conectarte con tu niño interior.

REUNIONES FAMILIARES

Por ejemplo, lo que yo siempre he destacado es la importancia de las reuniones de familia. Esa reunión debe hacerse dos o tres veces a la semana. O una vez, para aquellas personas que estén muy ocupadas. Tener la posibilidad de decir "bueno, todos los miércoles", o el día que sea. Tienen que decidir cuál es el día que van a escoger, y a qué hora lo van a hacer. Porque si saben que todos los miércoles después de la comida va a suceder esto, o el sábado va a suceder lo otro, entonces saben que no pueden hacer cita alguna para ese día. Con cierta flexibilidad por supuesto, ¿no?

Yo le recomendaría a los padres hacer como una especie de calendario, donde los niños se den cuenta de lo que está ocurriendo esa semana, y si hay algún cambio especial. Inclusive, si los hijos tienen distintas edades, y algunos son mayores, entonces que ellos puedan participar en escoger las actividades de acuerdo a las necesidades de la familia. Son como unas reglas especiales para las reuniones familiares. Porque yo creo que eso es bastante importante, lo de cómo llevar a cabo la reunión familiar, es decir, cuáles son las reglas.

En estas reuniones el compartir, el jugar y el unirse son fundamentales para el desarrollo de las habilidades sociales, al igual que para abrir y mantener el fluído de comunicación, con el cual poder discutir los problemas que tengamos como individuos o dentro del núcleo familiar. Hablaremos más sobre este tema en el capítulo sobre la comunicación.

PERSEVERANCIA

Creo que uno de los ingredientes claves a tener en la vida es la perseverancia. Muchas investigaciones nos demuestran que hay un factor en común que identifica a los muchachos que han logrado tener éxito, aún cuando hayan nacido o se hayan criado en un medio ambiente disfuncional. Y esto es que ellos tienen la tenacidad de seguir hacia adelante, que pueden aprender a ponerse metas y a continuar.

Creo que en el mensaje de los padres separados o divorciados es muy importante que los hijos vean que si esto no funcionó, tanto mamá como papá han logrado superarlo. Ellos han encontrado otra respuesta. Los fallos de ellos no son el fin del mundo tampoco.

Una de las cosas principales que tenemos que enseñarles a nuestros hijos es tener la paciencia de poder esperar que algo llegue, que no todo puede ser inmediato. Lo que tú quieres no siempre lo recibes ahora mismo.

Ésta es una realidad que va de mano con el concepto de la perseverancia y la tenacidad. Darse cuenta tempranamente de que quizás tengas que esperar a que algo que de veras deseas se te dé, y que quizás tengas que trabajar un poco más para lograrlo. Esto fomenta la voluntad de perseverar hasta lograr lo que deseas, y a seguir tratando si no lo logras en seguida.

Los niños empiezan a aprender esto desde que aún están en la cuna. Cuando ya están dando sus primeros pasos, nosotros, sus padres, ya hemos establecido su

nivel de expectativa ante cuán duro deben o van a esforzarse. Lo hacemos cuando les alcanzamos el tete al
momento en que se les cae y lloriquean, o cuando los
guiamos a que traten de alcanzarlo ellos mismos. Lo
hacemos cuando al caerse los ayudamos a levantarse, o
los animamos a que se levanten y traten de nuevo.

A la vez que llegan a la escuela, no es de extrañar
que algunos niños emprendan cualquier tarea que se les
da, mientras otros se doblan de brazo y dicen "no
puedo."

RESPONSABILIDAD

La tenacidad es importante, y otra cosa que es fundamental es asumir la responsabilidad de lo que te corresponde y del problema al cual le estás huyendo. Porque
cuando tú asumes la responsabilidad de una parte de ese
problema, aunque sea de un cincuenta por ciento, tú vas
a buscar la solución que te corresponde a ti.

Por lo tanto, son factores de gran transcendencia que
nos ayudarán a tomar muchas de las decisiones que
como padres debemos hacer diariamente. Si los padres
utilizan el razonamiento y la culpabilidad, los niños desarrollan el sentido de conciencia y el sentimiento de
culpabilidad. Pero aquéllos a los cuales le dan nalgadas, amenazas o privación de privilegios tienden a ser
más agresivos.

En mi casa, yo hacía que mis hijos participaran en
las decisiones sobre las consecuencias de sus actos. Yo
hacía una corte para juzgarlos y todo. En vez de man-

darlos a la cama, yo decía "Vamos a tener un juicio y vamos a ver cuál es la decisión". Y esto funciona. Yo sé que la palabra "empoderamiento" no es totalmente aceptada, pero se está usando mucho y en estos casos se va a llegar a usar. Eso es lo que estás haciendo con tus hijos cuando los haces tomar responsabilidad de lo que han hecho.

Esto no es tan sólo para enseñarles que existen consecuencias tanto buenas como malas. Sí, les enseña a pensar dos veces antes de romper las reglas de la casa, pero se trata de mucho más que eso; es enseñarles que ellos tienen el poder dentro de sí mismos para cambiar su vida, y que ellos pueden hacer de su vida lo que quieran. Que el poder de ellos no viene de una fuente externa, sino de adentro. Como al mismo tiempo, la culpa no es algo externo tampoco, sino más bien la responsabilidad que tienes que tomar por tus acciones. No importa que ese tipo se te atravesó, es que tú ibas muy rápido y no te dio tiempo para reaccionar. Hay veces que nos cuesta trabajo aceptar algunas cosas.

EL VALOR DE LOS VALORES

Al paso del tiempo, todo esto lo hacemos sin pensarlo, tanto para nosotros como para nuestros hijos. Es como caminar. Lo que les costó tanto trabajo al comienzo se convierte en algo que se hace ya sin pensarlo, antes que se den ni cuenta. Al principio por supuesto, pueden tropezar. Y a menudo necesitan una mano para comenzar. Pero mientras más lo hacen, más fácil se les hace.

Inculcar valores fundamentales y buenas normas nos puede parecer un poco difícil al principio. Pero al hacer un énfasis constante, y al aplicarlo consistentemente con nuestros hijos, los estamos ayudando a pararse firmes a través de toda su vida.

CAPÍTULO CUATRO

EL DESARROLLO DE LOS NIÑOS: DIFERENTES, PERO IGUALES A LA VEZ

Cada niño llega con su propio carácter y personalidad, tan individual como sus huellas digitales. Según crecen, esas características iniciales se refuerzan o disminuyen, se endurecen o se suavizan, se fortalecen o se debilitan. Pero al igual que nos salen callos en los dedos o tenemos cicatrices que nos marcan, aún nuestra huella digital sigue siendo única, como nosotros. Nuestras experiencias nos moldean —el amor o la carencia de amor que sentimos—, pero lo cierto es que el bebé dócil seguirá siendo un adulto más bien fácil de tratar.

Por supuesto, que por únicas que sean nuestras personalidades o nuestras huellas digitales, el hecho sigue siendo que tenemos estas cosas en común. De esta manera somos iguales, a pesar de nuestras diferencias. También tenemos en común el hecho de que todos los niños atraviesan las mismas etapas de desarrollo, aproximadamente a la misma edad.

Yo las identifico así: los primeros años son "los años de gatear" de 0 a 7; la segunda etapa, de 8 a 12, es "mírame mamá, préstame atención" y "yo sí puedo"; la de 13 a 17 es "nadie me entiende"; y de 18 en adelante es "decidiendo quién soy".

LOS HILOS DE LA COBIJA

Como ya les he dicho, nuestra responsabilidad como padres o abuelos no sólo es ayudarlos en su crecimiento o desarrollo físico e intelectual, sino también en su desarrollo emocional y moral.

No olvidemos que estas enseñanzas son como los hilos de una cobija: aunque no se ven individualmente, ahí están y van tejiendo la cobija hasta que unidos forman un solo objeto. Así el carácter moral de una persona es una identidad única, formada por los hilos de la honestidad, compasión, humanidad, sensibilidad, valentía, responsabilidad, respeto, tolerancia, justicia, fortaleza espiritual o espiritualidad, que se van entrelazando al observar, escuchar y vivir desde la infancia, a través de la adolescencia, y hasta llegar a ser adultos.

Yo creo que ésta es la formación del niño. Si analizamos bien, los primeros siete años son los más importantes. Lo que impacte su vida en los primeros siete años será su formación y comportamiento para el resto de la vida.

Esta enseñanza comienza bien temprano. A los

pocos meses de nacidos, se comienza a enseñarles a esperar por algo, y a ser menos impulsivos y egoístas. Pero para poder hacerlos comprender esto a los siete u ocho meses de edad, tienen que sentirse amados, y confiados en que si mamá les dice espera un poquito, ella lo hará. Pues no han dejado de comer cuando tienen hambre, se les ha cambiado cuando están sucios, calmado cuando tienen necesidad, y acurrucado cuando se han enfurruñado. En otras palabras, la seguridad y la confianza están sembradas, y ellos confían en el proceso.

Quizás muchos de los padres de hoy no sintieron seguridad en su mundo de niños, y para poder comprender este proceso, muchos padres tienen que aprender a decirse a sí mismos, como muchos lo han hecho, "Yo quiero darles a mis hijos una vida mejor que la que yo tuve".

Recordemos que nosotros somos los que comenzamos la enseñanza moral de nuestros hijos. Es importante que se sepan y se comprendan las muchas etapas morales, intelectuales, físicas, emocionales y sociales por la que pasan. Ese aprendizaje forma parte de las instrucciones de cómo formarlos.

Pero debemos recordar que los niños están listos para cada cosa a su debido tiempo, de acuerdo a su desarrollo. No se puede absorber todo, y no se puede aprender todo a cualquier edad. Hay un desarrollo del propio cerebro que es necesario para que el niño pueda aceptar ciertos conocimientos, y otros aún no, porque todavía no están listos para esa parte.

Hice un estudio hace muchos años con estudiantes en el sur de la Florida, y me acuerdo que el desarrollo de la mujer es más avanzado a los 12 ó 13 años. Pero una de las razones por las cuales en la escuela secundaria a veces se recalca sobre la misma materia es porque el cerebro lo necesita, para entonces dar el salto necesario.

Por lo tanto, si vamos a poder hacer lo mejor posible para ayudar a nuestros hijos a crecer y a aprender, tenemos que estar alertas y conscientes de la etapa en que ellos se encuentran.

El desarrollo físico es el más obvio. Un bebé aprende a sentarse antes de aprender a pararse, y a pararse, por supuesto, antes de aprender a caminar. Y todos sabemos que un bebé se nutre con leche primero. Jamás se nos ocurriría darle comida sólida hasta que le salgan los dientes.

Este mismo desarrollo se lleva a cabo por dentro en su crecimiento intelectual, emocional y moral. Quizás no lo podamos medir tan precisamente como lo hacemos en la parte física, pero ocurre tal cual. Y de la misma manera en que el niño tiene que sentarse antes de pararse y pararse antes de caminar, los pasos del desarrollo intelectual, emocional y moral tienen su orden. Cada nuevo nivel se funda sobre el anterior. Y de la misma manera que no le daríamos un bistec a un bebé antes de tiempo, no podemos imponer conceptos demasiado avanzados sobre nuestros hijos.

Y aunque cada niño es diferente, el saber más o menos por cuál etapa está atravesando nuestro hijo, o a cuál se acerca, nos sirve de guía para lidiar con ellos, o determinar para qué están preparados.

LOS PRIMEROS AÑOS

La importancia de esta edad se debe a que el niño comienza a desarrollar un sentido de individualidad y a crear su amor propio. Verdaderamente comienza a formarse.

El desarrollo emocional se forja en esta etapa de su vida. Empiezan a organizar y combinar sus experiencias y sentimientos de forma que comienzan a comprender causas y consecuencias en su propia vida, y de ahí pueden diferenciar o generalizar al mundo fuera de su familia.

Por ejemplo, "Cuando me equivoque en algo, sé que puedo tratar otra vez y hacerlo mejor". O si alguna en la guardería le dice "Eres feo", no le frustra totalmente porque sabe que sus padres siempre le han alabado sus características físicas.

Es la etapa donde el énfasis debe estar puesto en mensajes positivos en vez de negativos. Debemos evitar decirles "Eres bobo", "Eres un estúpido". En cambio le podemos decir "Si esto no te salió bien, vuelve a hacerlo porque yo sé que tu sí puedes".

También es el momento de comenzar a forjar una autoestima realista. Para ayudarlo, debemos hacer énfasis en las características positivas, sobresalientes e individuales de cada uno. Por ejemplo: "Tienes unos ojos muy lindos", "Qué bien agarras el creyón", "Me encanta tu risa". En los ojos de ese niño le estamos haciendo ver cómo lo apreciamos en nuestra vida, y aunque algo no sea perfecto, lo seguimos amando tal como sea.

Ésta también es la etapa de las mil preguntas hechas sin respirar, y del niño explorando su mundo y el porqué de las cosas. Éste es el momento donde comienza a probar lo que puede conseguir y cómo. Quizás sepa que cuando mamá está en el teléfono, si la molesta lo suficiente le dejará tomar un helado a las 10 de la mañana, o ir a jugar afuera.

En esta etapa el niño empieza a respetar o a cuestionar las reglas consistentes que la familia tiene. Es el momento donde la familia lo hace ver con sus acciones los valores morales al conocer los distintos puntos de vista. Por ejemplo, explicándole al niño "Cuando le arrebatas algo a tu hermanita de las manos, ella se siente triste", empieza el niño a sentir empatía.

LA DISCIPLINA DE NUESTROS DISCÍPULOS

La palabra "disciplina" viene de "discípulo". El disciplinar es, entonces, un modo de enseñarles a nuestros discípulos —en este caso nuestros hijos— cómo comportarse, cómo enfrentar las dificultades y cómo disfrutar de la vida.

Los padres, como se dijo anteriormente, les enseñan a sus hijos con sus propias acciones y reacciones. Por eso deben pensar bien antes de corregir o disciplinar al niño con nalgadas. Al ver al padre usar la fuerza física, los niños aprenden que los adultos pueden perder el control y castigar a golpes, y que la violencia es la mejor forma de resolver sus problemas. De ahí aprenden que es aceptable para ellos también pegarle al otro para lograr lo que desean. En otras palabras, esto les crea una confusión de creencias sobre lo que es o no es correcto, porque tú le estás pegando y a la vez le dices que no es correcto pegarle al otro.

La mejor forma de disciplina para la mayoría de los niños es el proceso basado en la motivación personal, proceso conocido como la administración o modificación del comportamiento *(behavioral modification)*. Éste es el sistema de recompensas basadas en el buen comportamiento. Esto se hace elogiándolo, dándole un beso, un caramelo, tiempo adicional de juegos, o cualquier otra cosa que a ellos les guste o quieran.

La recompensa no tiene que, ni debe ser, tan inmensa o complicada. Sólo debe ser algo que ellos valoren y que sirva para reconocer el hecho. Es más, si le das un juguete a tu hijo cada vez que orina en el inodoro, la recompensa llega a perder su valor —acabas por gastarte un dineral y tu hijo se aburre y ya no querrá seguir tratando.

Los estudios han probado que los resultados más profundos y duraderos se han logrado cuando, después de la etapa inicial, las recompensas son dadas ocasional e irregularmente. Puedes comenzar elogiándolo cada vez que usa el inodoro. Luego, después de unos días, recorta tus elogios a sólo cada tercera o cuarta vez. En un par de semanas, puedes esperar a cada tercer o cuarto día para decirle lo maravilloso que es su comportamiento, cómo ella mantiene su vestido limpio y bonito al usar el inodoro, o lo feliz que te pones al verla ya hecha toda una niña grande.

En esta etapa empiezan a aprender cómo regular su ira. En el programa les he mencionado la importancia de que en un momento de furia, bajen al nivel de los ojos del niño y le digan "Comprendo que esto te enfurece, pero no puedes pegar, tirar o gritarle a nadie, ni a ti mismo, pues es hacer daño a otros y a ti. Si quieres, puedes ir a tu cuarto hasta que se te pase la ira".

Estos mensajes dichos firmemente por el adulto lo hace tener un reenfoque para que se pueda calmar. Al mismo tiempo conlleva un mensaje de amor incondicional hacia él.

Es muy importante que aquellas personas que conviven con ese niño acepten reglas y valores generales en ese hogar. Sobre todo, los padres tienen que estar unidos en las consecuencias de los actos.

No puedes subestimar la importancia de hacerlos comprender que a este hecho le sigue esta consecuencia —que esa consecuencia viene aunque lo hiciste por halagos, o para que ese amigo te prestara atención. Cuando los padres son muy permisivos, el mensaje es "yo no le importo". Crean hijos con falta de carácter, si es que alguna vez llegan a crecer. A los que los padres le dan todo lo que quieren, piensan que el mundo les debe algo a ellos, y a ellos hay que dárselo todo.

Esto de dar demasiadas cosas materiales no les deja ver la realidad de nuestra vida: que en esta vida no todo es perfecto; que vamos a sufrir desengaños; pero podemos continuar viviendo, pues esas lecciones de la vida nos hacen crecer.

Estos niños no saben lidiar con la frustración, el rechazo o las desilusiones de la vida, y reaccionan de una forma violenta y perjudicial cuando se enfrentan a ella.

CREANDO HABILIDADES SOCIALES

La guardería infantil es el primer escenario donde ellos comienzan a practicar sus habilidades sociales y a desarrollar modales efectivos. Van a enfrentarse con el rechazo, fracaso y frustración.

Si los niños han crecido en un hogar donde no había amor, no saben cómo darlo a los demás. El pozo está vacío. Si han sido abusados o han sido abandonados, puede que abusen de otros y van a transmitir ira, resentimientos y dolor. Buscarán unirse a los más débiles para manipularlos y herirlos sin sentir remordimiento.

Para los padres, la crianza de los hijos siempre es un acto de malabarismo: entre dar demasiada atención y no darles ninguna; entre forzarlos a aprender todo por sí mismos y hacer todo por ellos; entre imponer límites rígidos o no imponer ninguno; entre no alentarlos a tener éxito y exigir demasiado.

A los niños no les gusta que los ignoren y hacen aún algo malo con tal de que se les preste atención. Si sólo nos damos cuenta cuando se comportan mal, ellos aprenden a portarse mal. Los padres deben recordar siempre que tienen varias opciones con respecto al comportamiento de sus hijos: atención positiva, atención negativa o ninguna atención.

Los padres pueden estar vigilantes a aquellas conductas positivas que ocurren rutinariamente y decirle "Qué ordenada hiciste tu tarea". Por medio de ese elogio, el niño observa que el padre o madre le presta atención. Palabras de elogio, un abrazo o una palmada en la espalda les enseña a darse cuenta de sí mismos cuando hacen algo bueno, y aprenden a llenar su tanque de amor.

Siempre deben recordar el dicho, "Ni tanto que queme al santo, ni poco que no lo alumbre". Para los niños y sus padres, es mejor hacer todo con moderación. La regla del juego es simple: equilibrio, mucho equilibrio.

EL IMPACTO DE LAS TRADICIONES HISPANAS

Típicamente, enseñamos a nuestros hijos a creer en el papel que desempeñan las fuerzas sobrenaturales en la creación del universo, y a tener fe en las creencias espirituales.

También les enseñamos a reconocer su propia identidad con relación a la familia, tribu religiosa y grupo étnico o racial. Valoramos y somos leales a las estructuras sociales: la familia, la comunidad, el grupo. Creemos e instruimos a nuestros hijos sobre la importancia de las jerarquías y autoridad designada por edad, el derecho de nacimiento o posición en la familia o grupo: abuelito, mi padre, hermano mayor.

Los niños criados en este ambiente prefieren premios sociales. Ellos tienen una fuerte conexión con las relaciones entre las personas y los aspectos globales de las ideas y los problemas. También son sensibles —el lenguaje del cuerpo y las señales que éste transmite es tan importante como las palabras.

Los niños anglosajones típicamente son criados con un énfasis en el trabajo individual, alentados a trabajar independientemente, y enseñados que el logro individual es premiado por el adulto. Se les enseña competencia como motivación al éxito.

Si en un hogar se han criado los niños en un ambiente de cooperación, respeto, lealtad al grupo, sensibilidad, serán niños lindos y buenos, pero les costará trabajo en clases estadounidenses donde colocan las sillas en filas rectas y los niños son premiados por su espíritu de competencia, individualismo y agresividad.

Padres conscientes de las diferencias en el idioma, valor y estilo cognitivo pueden preparar a sus hijos para enfrentarlas en el aula escolar. Les recordarán a sus hijos que son únicos y especiales, e insistirán en que las lecciones en la clase incluyan actividades e imágenes culturales con las que el niño pueda identificarse.

DE 8 A 12:
DESARROLLO MORAL

A esta edad, los niños están explorando y preguntando acerca del funcionamiento de las cosas y su porqué. Su curiosidad natural los conduce a examinar el mundo que los rodea: disecar un insecto; estudiar cómo vuelan las mariposas y los pájaros; o desarmar un radio o juguete roto para ver lo que lo hace funcionar. Esta misma curiosidad los conduce a cuestionar y a retar las normas y a valores que se les han impuesto.

Donde antes ustedes eran los proveedores primarios y únicos, a quienes sus hijos buscaban para toda información, ahora se darán cuenta de que ellos los cuestionan más y acerca de casi todo. A menudo nos parece que los niños están escrutinando cosas con respecto a sus padres, y juzgando casi todo lo que dicen y hacen de la forma más severa. En sí, la aparentemente infinita interrogación no es más que una extensión de su necesidad desesperada en esta etapa de comprender cómo funciona todo —desde cómo vuelan los aviones hasta por qué papi sigue trabajando en un lugar donde no le gusta, en vez de emprender otro trabajo con otro empleador.

En estos años "medios" de la niñez, los niños se vuelven cada vez más independientes según las fronteras de su mundo se expanden, debido a su red de relaciones. Ya no dependen solamente de sus padres y hermanos para su interacción social. Ahora, en su nuevo mundo escolar, forjan alianzas con amigos, maestros y otros. Debido a la diversidad de su interacción, existe una variedad de factores que pueden afectar su desarrollo y autoestima.

Muy a menudo, ellos promueven su sentido de "pertenecer al grupo" entre los de su edad, a través del uso de códigos secretos y palabras compartidas, o adentrándose en rituales complicados que excluyen a los adultos. Por ende, la popularidad de los videojuegos, donde los niños se memorizan detalles arcanos sobre más de 250 personajes fantasiosos de nombres complicados, y reglas del juego que son un embrollo, de un mundo de fantasía.

Por lo general, su propia jerarquía social y sentido de justicia los conducen a ser protectores de los niños menores, mientras se les prenden y siguen a los niños mayores. Es muy común que acepten el juicio de sus compañeros en la resolución de los conflictos, mientras a la vez se vuelven muy autoconscientes y consumidos por la creencia de que todo el mundo se da cuenta de, y critica todo lo que tiene que ver con ellos, desde su corte de cabello y ropa hasta el beso que les dio su madre.

Como mejor se les ayuda es evitando la crítica y ofreciéndoles amor y ternura con una fuerte dosis de atención y aprobación. Pero les advierto que dupliquen la dosis de paciencia, porque los niños de estas edades se comportan como unos sabelotodos que creen que no necesitan reglas, supervisión o cuidado de parte del adulto. Sin embargo, son igualmente infelices si se les deja solos. Y como tienen imaginaciones sobreactivas, se asustan fácilmente sin un adulto lo suficientemente cerca de ellos que pueda correr a su rescate.

A estas alturas, las mamás y los papás deben estar acostumbrados a su rol de ángel guardián, para alcanzarlos cuando es menester salvarlos de un peligro, pero dispuestos a permitirles a estos jovencitos probar sus alas para que algún día puedan volar solos.

ADOLESCENTES

Según nuestros hijos se acercan a los años de la adolescencia, comienzan a probar esas alas —y nuestra paciencia. Éstos son los años donde las hormonas están a todo dar, los cuerpos están cambiando y los estados de ánimo suben y bajan más que una montaña rusa. En medio de este cambio físico tan fuerte, confuso y abrumador, nuestros hijos también están luchando con su identidad a la vez que dejan atrás su niñez y hacen la difícil transición hacia la edad adulta.

Como es de esperarse, nuestros hijos adolescentes agonizan casi a diario debido a los cambios dramáticos por los cuales está pasando su cuerpo. Lloran debido al acné, el cambio de voz, y a que los brazos, las piernas, y el torso parecen estar siempre creciendo de una manera tan dispar. Tanto las niñas como los niños se preguntan si algún día llegarán a ser atractivos al sexo opuesto. Y trístemente, se convencen de que su desgarbo físico y social será una plaga eterna.

Ésta es la edad donde tienden a actuar impulsivamente y a retraerse. No importa la comunicación estrecha que hasta ahora hayan compartido, de aquí en adelante ésta tendrá su tirantez, ya que tu adolescente de repente estará reacio a confiar en ti o a compartir sus sentimientos contigo.

Esto es muy natural mientras luchan con sus deseos

conflictivos de independencia y su dependencia rezagada en ti, su padre o madre. Ahora es el momento en que tienes que acordarte de tu propia adolescencia y tratar lo mejor que puedas ser paciente, aún cuando se te acabe. Aún hay que enforzar las leyes de la casa, pero como explicaremos más adelante en el capítulo sobre la adolescencia, tienes que escoger tus batallas, cuándo y cómo negociar victorias para ti y para tu hijo, y cómo mantener los canales de comunicación abiertos sin forzarlo.

CAPÍTULO CINCO

LLENANDO LOS TANQUES DE AMOR

La forma de proporcionarle a nuestros hijos la satisfacción emocional es con nuestro amor incondicional. Nuestros hijos necesitan sentirse amados en todas sus etapas. Ellos necesitan sentir, a través de nuestras acciones y comportamiento, que nos preocupamos por ellos y que les llenamos sus tanques de amor con abrazos, miradas y palabras de aprobación.

Si de veras queremos tener una relación buena con ellos que nos garantice una disciplina en el hogar, esa primera piedra tiene que existir: la del amor incondicional.

Al amar a nuestros hijos con todas sus características personales —sus defectos y belleza física, habilidades o debilidades—, podemos enfocarnos en su espíritu y lograr alcanzar el balance que necesitamos en nuestro hogar. Les podemos dar a nuestros hijos una disciplina con amor, la cual está basada en principios justos donde una causa o hecho conlleva su consecuencia; y brindarles la seguridad física y emocional que es nuestra obligación como padres y madres, en un mundo que está lleno de violencia y estrés, pero que también está lleno de cosas bellas.

Estoy hablando del balance en la disciplina diaria, puesto que al sentirse amados, cuando ellos son disciplinados lo comprenderán mejor, en lugar de decirse a sí mismos "Son así conmigo porque soy feo", "...o porque soy tonto", etc.

La disciplina no es solamente castigos. Ésta es solo una consecuencia de algún comportamiento poco aceptable. La disciplina es enseñar al niño y proveerle las oportunidades, reglas y estructuras necesarias para que él aprenda a saber controlarse y comportarse de una manera aceptable en nuestra sociedad.

Para eso el niño necesita sentirse amado. Así puede aceptar las sugerencias u órdenes de los padres sin resentimientos ni odios. La fórmula necesaria no es difícil. Hay que amarlos sin condiciones y hacerles sentir que están protegidos, y también darles la disciplina, enseñanza y estructura que necesitarán de por vida.

Es importante que se entienda que no se puede dar disciplina, ni una enseñanza moral, ni tener una buena comunicación con los hijos si nosotros no los amamos de una forma totalmente incondicional. Amarlos con los defectos con que puedan haber nacido, si no tienen la inteligencia que deben tener, si han nacido enfermos, etc. En fin, tenemos que decir "Éste es mi hijo y lo tengo que amar incondicionalmente para que pueda crecer, desarrollarse y ser un adulto sano, aunque tenga problemas físicos".

Es muy importante transmitirles los pasos que uno como adulto sigue para poder llegar a una decisión. Hay que enseñarlos a pensar. Hay que tomarse el tiempo de hablarles. Y hay que enseñarlos e invitarlos a conversar sobre sus emociones.

El usar las oraciones que comienzan con "Yo me siento _____ cuando _____" les abre una puerta para poder expresarse sobre sus sentimientos. Es muy importante que hagan ésto. Les ayuda a aprender lo que está sucediendo en su interior, lo cual les sirve de base para guiarlos y ayudarlos a lidiar con situaciones difíciles. Y cuando les pidan que compartan sus sentimientos, y escuchen detenidamente lo que ellos están diciendo, esto les demuestra que a ustedes les importan los sentimientos de ellos, y que ellos son importantes también.

Esto es fundamental si queremos ayudar a nuestros hijos a desarrollar una autoestima saludable.

AUTOESTIMA

Al identificar la conversación interna de una persona, podemos identificar las fluctuaciones de su autoestima.

Si esta conversación o dialogo es negativa —se compone de comparaciones negativas con los demás; no se valoran para nada en la vida; no tienen reconocimiento de sus habilidades o logros, ni confianza en que pueden lograr una meta; y piensan más a menudo en el "nunca"—, sabemos por estas descripciones que la persona tiene una autoestima baja.

Si esto nos conlleva como adultos a ser seres negativos, cuando se tienen hijos, tenemos que cuidarnos de que no hagamos a nuestros hijos cargar con eso también.

¿Cómo se comporta, o cuáles son las señales del niño tímido y de baja autoestima? Frecuentemente:

- Le falta energía y espontaneidad.

- Frecuentemente es autodestructivo o propenso a accidentarse, morderse, golpearse, etc.

- Se frustra con facilidad al encontrarse con una nueva tarea o actividad.

- Le cuesta trabajo tomar decisiones. Prefiere que otro (en el que más confían) escoja por éllos, aunque siempre tengan tendencia a temer, pues piensan que los están juzgando.

- Se le ha escuchado referirse a sí mismo con comentarios negativos, o decir que quisiera estar muerto.

- Muchos de estos niños, dada la ansiedad que sufren, no sonríen; sus facciones parecen máscaras sin movimiento.

- Se deja manipular por otros niños.

- Tiende criticar a los demás niños y se queja con frecuencia.

Al crecer y asistir a la escuela, el niño de poca autoestima puede exhibir los comportamientos siguientes:

- Se distrae, le cuesta trabajo prestar atención.
- Le costará trabajo esforzarse por el miedo de fallar, no le interesa tratar pues presume que no lo logrará.
- Exhibe una falta de perseverancia (lo cual es el factor más importante que contribuye a los fracasos escolares).
- No considera los éxitos como un triunfo personal sino porque otros lo ayudaron. No es por su poder interior sino algo exterior.
- No le gusta ser líder de ninguna actividad.
- No le gusta trabajar independientemente, sino más bien le gusta depender de los demás compañeros que él considera o percibe que saben más.

EL AMOR QUE ALIMENTA

Nuestros hijos necesitan un amor sin condiciones para crecer y desarrollarse como adultos sanos.

Yo recuerdo que cuando mis hijos eran pequeños y todavía estaban en el proceso de comprender las normas de comportamiento, muchas veces tenía que tener presente estas realidades:

1) Son niños, por lo tanto actúan como tales.

2) La mayoría del comportamiento infantil puede ser poco agradable.

3) Si los amo con el comportamiento que nos corresponde como padres, aunque ellos se comportan de una forma infantil, ellos lograrán madurar y dejar atrás ese comportamiento.

4) Es mi responsabilidad demostrarles que los amo y así los hago sentirse seguros, y podrán desarrollar su autocontrol y autoestima.

5) Los hago sentirse aceptados con sus defectos y cualidades, tratando siempre de hacer énfasis en la parte positiva.

Y, sí, muchas veces tuve que tener en cuenta todos estos factores. Cuando tenía mis cuatro hijos todos de cinco para abajo, por mucho conocimiento que yo tenía como madre, al fin, había ocasiones que yo perdía el control. Porque se ponían a gritar, a jugar, a saltar, a brincar por todos lados. Entonces me tenía que acordar de esas realidades.

El primer punto es obvio, pero yo tenía que tener presente —y le sugiero a todos los padres que ellos también recuerden— que el hecho de ser niños les otorga ciertos derechos y privilegios. Se les permite, por ejemplo, cometer errores, no saber cuáles son las normas, y buscar la manera de divertirse en casi cualquier situación. Es decir, que probablemente griten en la biblioteca y se rían tontamente ante el sonido del eco repetidamente.

Empecé a identificar: son niños, al ser niños tienen

que actuar como niños; y la mayoría de ese comportamiento es infantil. Hay veces que puede ser un poco desagradable. Se meten los dedos en la nariz, etc, y creen que es una gracia.

Pero si ellos saben que nosotros los amamos, y me comporto como me corresponde a mí como madre adulta, ellos pasarán la etapa inmadura, podrán llegar a ser adultos que se comportan bien. Pero si yo me pongo a pelear con ellos continuamente, y esperar de ellos lo que no pueden dar, no lo van a hacer.

Entonces es mi responsabilidad demostrarles que los amo, hacerlos sentirse seguros, para que ellos puedan entonces aprender a desarrollar su autocontrol. Eso los hace sentir menos ansiosos. Y eso me lo tengo que repetir varias veces.

LO QUE SABEN Y APRENDEN LOS BEBÉS

La sensibilidad del niño desde muy pequeño es increíble. Ellos pueden, desde recién nacidos, reconocer los sentimientos de su madre. Si sienten que no son aceptados, pueden tener problemas con su desarrollo, ya que esto afecta los patrones de su alimentación y descanso.

El niño puede sentir el amor incondicional desde el momento en que nace, sobre todo con la madre, la cual es su primer contacto. Inclusive si la madre ha tenido depresión debido al parto, y la tiene por un tiempo, el niño tiende a sentir ese efecto y puede afectarlo. Si ese comportamiento de depresión continúa, puede afectarlo de por vida, pues el niño entiende esto como un rechazo.

Entonces, ¿cómo se le puede demostrar a un bebé o a un niño ese amor incondicional? Con el contacto visual, el físico, cuando estemos hablando con ellos, enfocando la atención en ellos. Y para poder hacer esto, tenemos que, número uno, establecer nuestras prioridades. Hay que comprender que cuando hay niños en la casa, no es lo mismo que cuando están mamá y papá solitos de pareja. Tenemos que hacer el esfuerzo de tener un tiempo de calidad a solas con ellos, leyendo libros, hablando, jugando —lo que sea, siempre y cuando ellos se sientan queridos, amados sin condiciones.

EL BALANCE EN LA DISCIPLINA

Muchos padres que me llaman al programa me dicen que no pueden disciplinar a sus hijos. Que están fuera de control. Que les gritan, que les dan pataletas, que le dicen groserías.

Aquí, puede que hayan ocurrido cosas en la crianza de los padres que ahora están afectando la forma como ellos crían a sus hijos. Quizás es que esos padres recibieron tan poco amor en su pasado que ahora sólo entienden darles mucho amor a sus hijos y cero disciplina. Esto es un balance importante.

Si el trato que les dieron cuando eran niños fue muy duro, entonces ellos se pueden haber hecho la promesa de no hacer lo que hicieron sus padres, y entonces se van al otro extremo de "vamos a dejarlos que hagan lo que quieran".

En esos hogares también es muy común que encontremos el problema del niño manipulador: presiente en el mundo de hoy que sus padres están cansados del trabajo diario, y que si da su pequeña pataleta, tarde o temprano los padres cederán. Así comienza la batalla del poder y el control, y podemos observar en algunos casos niños que son pequeños tiranos.

O es posible que los padres repitan el trato que recibieron cuando niños, y que se estén comportando como el ser que más han detestado en su vida, que es ese padre o esa madre que los trató tan mal.

Es importante que comprendamos que el castigo es sólo una parte de la disciplina total. La disciplina es enseñar a tus hijos para poder proveerles las oportunidades, normas y estructuras necesarias, con que ellos puedan aprender a controlarse a sí mismos y comportarse de una forma aceptable en nuestra sociedad.

Los padres pueden ser firmes en sus decisiones, pero deben tener compasión y saber escuchar con compasión a sus hijos. Pueden ser firmes pero flexibles. En la mayoría de los casos, cuando se aplica el poder dictatorial, los niños a quienes se les impone crecen o con el deseo de rebelarse, o se crían bien tímidos.

No es necesario ser desagradable cuando se le está llamando la atención a un niño. En otras palabras, como nosotros los psicólogos decimos, "sea amable cuando se dirige a ellos". Para poder aceptar la sugerencia y la disciplina como tal, el niño necesita sentirse seguro y amado por los padres. Así no hay resentimientos ni odios.

ESTILOS DE CRIANZA

Hay un tipo de padre, al cual yo le llamo el "director de escuela". Siempre está dando órdenes, siempre está enseñando, dando dirección, supervisión e instrucciones, en lugar de dejar que los niños persigan sus propios intereses o inclinaciones. Si poseen ciertas habilidades, ellos le imponen su voluntad: "No. Mi hijo va a ser arquitecto", o "Mi hija va a ser doctora".

Esto es como un estilo de coerción. Cuando esto ocurre, una de las cosas que puede suceder es que a algunos niños se les olviden mucho las cosas, empiezan como a bloquear parte de la información, sueñan despiertos, se demoran en hacer las cosas. En otras palabras, un comportamiento mas bien pasivo-agresivo.

Lo otro que sucede bajo este tipo de régimen paternal es que los niños lo aceptan y se vuelven muy perfeccionistas. Cuando cometen un error, por ejemplo, se castigan. También de ahí pueden salir ciertos comportamientos obsesivos-compulsivos.

Hay también hogares donde para que tu mamá y tu papá te demuestren amor, te lo tienes que ganar. Tienes que haber hecho algo muy importante. Es casi como si tienes que estar a prueba. Entonces si sacas una nota no muy importante como una B, papá te dice, "Bueno, debería haber sido una A".

En vez de preguntar, "Y bueno, ¿qué pasó? La B es

una buena nota, ¿pero tú crees que pudieras haber sacado una A? A ver, dime qué piensas", nunca los dejan sentirse contentos con nada.

Entonces, cuando estos llegan a ser adultos, por supuesto que continúan tratando de ganarse el amor de los demás a través de lo que hacen. Y ahí es donde está el amor condicional.

Hay otro tipo de padres que, por ejemplo, no tienen casi conversación alguna con sus hijos en el hogar, excepto cuando hacen algo malhecho. Entonces los castigan. Por supuesto que hay mucha hostilidad y violencia en este tipo de hogar.

En muchos de estos casos, los niños comienzan a actuar mal sólamente para que los castiguen, ya que ésta es la única forma en que les prestan atención. O al no saber cómo lidiar con sus sentimientos, caen en una depresión profunda, lo cual conlleva a otros problemas, incluso el uso de las drogas.

Eso fue lo que le pasó a Maria, una madre que me llamó de Chicago para contarme el problema que tenía con su hijo de 13 años, y la forma en que había sido tratado por su esposo.

"El problema con él es que yo estoy muy preocupada porque él ha bajado sus notas en la escuela y casi no duerme", dijo ella. "Tiene un problema. No sé. Duerme muy poco. Muy poco. Y siempre está como cansado y muy irritable".

"¿Y qué está sucediendo con tu esposo que pueda estar relacionado con esta depresión que tiene tu hijo?", le dije. "Porque me suena que tu hijo o tiene una depresión, o está usando algún estupefaciente como marihuana, pero me parece más bien una depresión".

"Viene porque cuando él era niño", siguió Maria, "cuando era un bebé, su papá nunca le dio atención, nunca le dio cariño, o siempre le peleaba, siempre le decía cosas, siempre. Nunca, nunca se llevaban como debería ser una relación entre padre e hijo. ... Él siempre decía que los hombres son machos y que los hombres no tienen que...".

"Ah", dije. "Entonces él cree en aquella cosa de que a los hijos varones mientras más duro se le trata, más hombrecitos salen. Y lo que ha logrado tener es un hijo que está terriblemente deprimido y además que no se siente aceptado por su padre. Eso le puede traer inclusive problemas de identificación sexual.

"En sí, yo creo que lo primero que tienes que hacer para ayudar a tu hijo", continué, "número uno es que él necesita ayuda profesional. Si él no está durmiendo, si él está sacando malas notas, y sobre todo con la edad que tiene, puede encontrar incluso refugio en sus amigos, ya que su padre no es su amigo, y puede también encontrar refugio en las drogas que le van a dar sus amigos.

"Así que mi recomendación", terminé, "es que inmediatamente tú le busques ayuda profesional a tu hijo; y a tu esposo le digas que todas esas ideas antiguas que él tenía lo que van a provocar es que pierdan a su hijo".

No todo lo que hacemos tendrá tan pésimas consecuencias. Pero no obstante, la manera en que tratamos a nuestros hijos, sin duda alguna, tendrá un efecto que se reflejará en sus personalidades y comportamiento, tanto en lo bueno como en lo malo. Nosotros podemos escoger.

JUGANDO

Comprendo que a muchos de nosotros, cuando éramos niños, no se nos permitía jugar. A lo mejor no sabemos cómo jugar. Entonces tenemos que practicar cómo jugar. A jugar pelota, a tirar la pelota. Nada complicado. No le tengas miedo.

Yo recuerdo que en mi casa, mi padre, un español, salió de su país en un momento en que España pasaba por una depresión muy grande. Es decir, por problemas económicos. Entonces el afán de él era que yo estudiara, estudiara y estudiara. Que aprendiera baile, aprendiera piano. En otras palabras, me llenaba el horario hasta que no había ni una pizca de tiempo en que yo pudiera jugar.

También era la forma de tenerme atrapada para que no me pasara algo. Él no quería que yo fuera al parque, porque "Va y te pasa algo".

Entonces, yo me acuerdo, que me escapé de papá. No siempre, pero a veces sí lo hice, aunque muy asustada.

Yo creo que la primera vez que yo empiné un papalote —por eso yo hablo mucho de los papalotes— yo tenía ya mis cuatro hijos. Pero me hice el propósito. Y eso se lo debo a mi ex esposo, que me dijo "Te voy a hacer una." Yo creo que este fue uno de los recuerdos de mi esposo que más le puedo agradecer. Porque él me enseñó a hacer un papalote igualita que lo hacían en nuestros países, con papel de ese carmelita, y con unos palitos y un hilo.

Yo me acuerdo que estábamos cerca del mar y aquello voló lejos. Y me acuerdo que le hice así e hizo ¡fuiiii!, y se fue para abajo.

Pero por eso yo recuerdo a mi esposo con alegría, con emoción, porque tocó y le enseñó a esa niñita de adentro un juego que ella no sabía. Que siempre quiso jugar y no lo hizo.

También le debo a él el aprender a montar caballos. Y gracias a eso, mis hijos aprendieron a montar caballos. Mis nietos también. El placer más grande fue cuando a mi nieta la llevé a montar caballos. Tenía dos años. Pero tampoco los llevo a montar caballos todo los días, porque entonces llegamos al otro extremo, que es el del padre o la abuela que les quiere dar a los nietos todo lo que no tuvo ella. Pero se hace con medida, con moderación, con mesura. Dar aquello como una probadita. Y, al mismo tiempo ese vacío que yo tuve, de no haber jugado, lo voy llenando.

De este modo nosotros como adultos nos damos el permiso de poder jugar aquellos juegos, que no pudimos jugar por equis razón —porque nos pusieron a trabajar desde muy pequeño, porque mi mamá se murió, lo que haya sido. Cada vez que hagamos algo que sea divertido con nuestros hijos, recordemos, analicemos e internalicemos que esto también lo estamos haciendo para nosotros mismos.

No me digan "que el sacrificio", "que yo fui", eso lo estás haciendo por ti también. Yo crecí con mis hijos. Yo aprendí como adulta a decirle a mi niña: "Está bien, porque ahora vamos a jugar. Diviértete".

¿Qué quisiste hacer cuando eras niña, o niño, que no pudiste hacer? Al hacerte esa pregunta, te van a surgir un sinfín de ideas de distintos juegos que puedes compartir con los niños. Recordaremos lo que tenemos que hacer con ellos cuando son pequeños. En vez de llorar y decir "Mi mamá nunca me llevó al parque", lleva a tus hijos al parque y juega con ellos. Móntate en un columpio. Si montarte en un columpio con los pies hacia arriba y empinarte no te saca el niño interior, ¡no te lo saca nada!

Montarse en un columpio. Bajarse por una canal. Son cosas sencillas de la vida que no cuestan nada. Sin embargo, crean una unión entre hijo y madre increíble, porque ese niño está aprendiendo a amarse a sí mismo, y se da cuenta que mamá puede ser niña también. Y eso: él se lo va a enseñar a sus hijos cuando él sea grande también.

EL HILO DE LA CONFIANZA

Una de las actividades para que los muchachos comprendan el valor de lo que es la unión familiar es un ejercicio donde todos comenzamos en el centro como punto de partida.

Cada uno tiene un lugar donde ir, pero estamos todos unidos a un hilo. Por ejemplo, se saca en rifa —a fulano le tocó el cuarto este. Al otro le tocó el otro cuarto. Al otro le tocó el baño.

Se apagan las luces de la casa, porque por lo general esto se hace de noche, o, si es de día, les puedes poner una venda.

Entonces uno de la familia va guiando. Y le dice "No. No, ven a la derecha. Ponte a la izquierda".

No es que vayas jalando el hilo, es para que se sienta que está aguantado, que él sepa que ese hilo no lo va a dejar irse contra la pared o contra una esquina. Ese es el propósito del hilo. No es que tú lo vas a jalar hasta allá. No. Tú le vas a decir "No. Dobla a la izquierda", "dobla a la derecha". "No, ten cuidado con la pared". Tú sabes.

Incluso se pueden hacer equipos. Hay muchas variaciones de esto. Con equipos es más divertido cuando son más grandes, porque entonces pueden competir a ver quién llega primero al punto de partida.

CAPÍTULO SEIS

COMUNICACIÓN

L a comunicación entre padres e hijos comienza al compartir. Pero no es sólo compartir el tiempo, o un juego. Es el mantenerte alerta para poder compartir con tus hijos, cuando haya una oportunidad para enseñarles, un momento de enseñanza, un momento de aprendizaje, como quieras llamarlo.

Ése es el momento cuando puedes, incluso, sacar a la luz el concepto de "Cuando yo era chiquito, esto me ocurrió". Es el momento para traer a la conversación tu pasado, o el de tus padres, si éste es apropiado, ¿no?, para que así los niños puedan relacionarse con la cultura de sus padres.

Al niño le encantan las historias. Cuando voy a ver a mis nietos, no hay cosa que les guste más que yo les cuente cuando su mamá era chiquita. Porque si algo ha pasado y yo les digo "Bueno, yo me recuerdo cuando tu mamá era pequeña y pasó tal cosa", ¡les encanta! Y yo les puedo enseñar ese concepto, una manera de pensar sobre lo sucedido, más fácilmente, porque están receptivos. Aunque se den o no, cuenta de ello.

Lo que más les gusta a mis nietos son los cuentos de su tío Carlos. A ellos les encantan esos cuentos, pues él era muy travieso. Y, así es como comienza la confianza en que papá y mamá me van a decir algo interesante, o abuela tiene algo interesante de qué hablarnos, que en sí lleva una moraleja. Porque por lo general, la comunicación se establece porque es agradable.

Entonces, después que tú has tenido conversaciones agradables, es que se pueden aceptar comunicaciones que dicen algo negativo.

Ésta es una forma indirecta de ver las cosas, donde podemos poner a un lado los sentimientos de culpa, vergüenza o ira que puedan tener, simplemente debido a que estamos hablando de otra persona. Pero como esa persona es alguien al cual conocen y quieren, prestan atención, y entonces es que "la moraleja del cuento" llega al corazón.

Los cuentos de mamá y papá cuando eran niños nos ofrecen el bono adicional de humanizarlos. Los muestra como algo más que sólo "figuras autoritarias," cuya única labor es la de suministrar la ley; o "cuidadores", listos para atender las necesidades de los niños. Esto hace que los niños vean a sus padres como personas que fueron niños como ellos, con comportamientos parecidos. Ayuda a vincularlos a la herencia de su pasado familiar. Y también los identifica con su futuro, ya que piensan en sus padres como chicos que crecieron, y por ende se ven a sí mismos como padres, con sus propios hijos a quienes criar, en el futuro.

HABLANDO DE SENTIMIENTOS

Entonces, a partir de ahí podemos llegar a las oraciones que comienzan con "yo me siento _____", a lo cual hice referencia en el capítulo anterior sobre el amor incondicional, cuando les dije cuán efectivas son estas oraciones para demostrarles a nuestros hijos que los queremos, y para ayudarlos a desarrollar una autoestima saludable.

Yo lo utilizo mucho, no sólo con los niños, sino con los padres. Esto es aprender a hablar sobre tus sentimientos, con lo que le llamamos en inglés los " 'I' statements". Son oraciones que comienzan conmigo, o sea "Yo". "Yo me siento _____", y continúan con la explicación concreta de qué acción me ha causado esta emoción.

"Yo me siento triste"; "Yo siento tristeza"; "Yo siento alegría"; y describe el sentimiento que llevas.

"Yo siento ira cuando _____": "...cuando tú me cierras la puerta en la cara"; "...cuando tú me gritas"; "...cuando no me escuchas y te digo que me escuches" (que es muy común en los niños: "¡No me estás escuchando!"); y explica el porqué de esos sentimientos.

Es muy bueno y necesario aprender a escuchar a nuestros hijos. Y cuando el niño está muy nervioso, mirarle a los ojos, y solamente decirle "Te noto nervioso pues te estás mordiendo las uñas. ¿Por qué? ¿Qué te preocupa?".

También una madre le puede decir a su hijo "Yo me siento enfadada cuando te tengo que repetir tres veces que vengas a la mesa", "...que vengas a dormir".

Es importante que los padres hablen de los sentimientos con sus hijos, como cuando con un niño de tres años que está llorando, y siente ira, tú bajas a su altura, le miras a los ojos, le tomas sus manitos y le dices "Yo comprendo que tú estás enfadado". O, "Me parece que tú te sientes enojado. ¿Qué te pasa? ¿Por qué pasó?".

Y de esa forma empiezas a identificarles las distintas emociones. "Estás sonriendo, ¿estás contenta?". "Me pareció ver una lágrima, ¿estás llorando?". "¿Por qué te sientes así?". Entonces no es difícil para el niño entender cuando papá le dice "Yo me siento muy disgustado contigo cuando tú no me obedeces. Cuando te estoy diciendo las cosas, y no me obedeces".

Entonces el niño aprende a expresarse, y comprende que se dice "Así yo me siento cuando tú haces tal cosa". Pero lo más importante para lograr la comunicación es darnos cuenta de la necesidad de la paciencia para poder explicar algo.

Y más importante aún es lo que va de mano con la paciencia: es demostrarle a su hijo o hija cómo es el proceso de la comunicación. En otras palabras, no solamente es decirle "Haz esto", "Haz lo otro", sino explicarle el proceso de cómo llegar a una decisión.

CÓMO HABLARLES A LOS NIÑOS

Básicamente, cuando los niños son pequeños, entienden muchísimo más a sus padres, y se comunican mejor con ellos, cuando esta comunicación guarda relación a sus sentimientos. Por ejemplo, si se notan frustrados, reconocer ese sentimiento en ellos y preguntarles "¿Por qué te sientes así?".

Existen dos escuelas de esta teoría. Está la escuela de algunos especialistas de niños que dicen que al niño no hay que darle tantas explicaciones, sobre todo si se trata de una situación donde puede haber un peligro. Esta sería la posición que yo tomo.

Por ejemplo, si él está contigo y están esperando para cruzar una calle y se te zafó de la mano, y corrió a cruzar la calle sin ti. En ese momento tú tienes que gritarle y decirle "¡No! ¡No cruces la calle!". Es la única forma posible que tú puedas pararlo, si es que no lo has agarrado con las manos o por la mano.

Pero yo sí creo que en situaciones donde no hay un peligro inmediato, es muy importante que al niño se le explique el porqué de algo, sin ser muy complicada o larga esa explicación. Por ejemplo, "No, mi amor, yo no quiero que tú comas ese chocolate porque la comida la vamos a servir dentro de un minuto. Después de la comida, si tú quieres comer ese chocolate, y te has comido tu comida, por supuesto puedes comerlo".

En primer lugar, la razón por la cual es importante esa explicación, sobre todo cuando son pequeños, es por el desarrollo del vocabulario del niño. El saberse expresar con palabras. En vez de ser impulsivos y contestarles rápidamente, lo cual es lo que muchos padres hacen.

Como hoy día, en el caso de casi todo el mundo, mamá y papá trabajan, y el tiempo es escaso. Tenemos poco tiempo. Estamos frustrados al llegar a la casa —porque hay que comer, hay que hacer las tareas, hay que bañarse—, y estamos presionados por la falta de tiempo.

Entonces, en esos momentos la conversación con los niños tiene que ser un poco más escueta, ¿no? "Mamá necesita que ustedes se apuren porque vamos a comer", "...porque hay que hacer la tarea", etc. Pero siempre recordándonos que los niños pueden aceptar y entender estas órdenes y respuestas escuetas, si hay tiempo en otro momento para tener una conversación más profunda.

En otras palabras, mientras más seguro se sienta el niño, mientras más lleno tenga su tanque emocional, más puede aceptar de parte de sus padres esas respuestas rápidas en momentos de frustración o crisis.

Como madre yo he vivido momentos así. Yo no solamente estaba trabajando, sino estudiando también. Las conversaciones mías con mis hijos eran mayormente cuando estaban en el carro. Cuando los estaba llevando para la escuela, la clase de gimnasia, o a la clase de natación, para luego yo irme a la universidad, y que mi madre fuera a recogerlos. En la trayectoria de recogerlos de la escuela, y de llevarlos a sus actividades, es que yo podía hablar con ellos. Y también cuando se acostaban a dormir. Eso era sagrado.

Esos momentos privados, cuando se hacen una costumbre, un ritual, son los momentos más francos y comunicativos, sobre todo en la adolescencia. Yo me di cuenta de que uno de mis varones hablaba con más facilidad cuando yo estaba manejando, y sobre todo si esto era de noche. Con el otro hijo, el mejor momento era cuando trabajaba en el jardín.

Con las hijas, se facilitaba más en la cocina o antes de acostarlas a dormir. Ése es un momento muy especial con papá y mamá, leyéndoles antes de dormir o rezando con ellos.

Cuando te vas a la cama con tus hijos, y le lees un libro, y luego discuten acerca del tema del libro, éste es un momento importantísimo en la conversación y en el desarrollo de la comunicación. Por eso te digo que es importante establecer una rutina. No es solamente leerle el libro, sino también preguntarle "¿Y qué fue lo que le pasó a Blue en esta historia?". Y no esperar a que termine la historia, sino cada dos o tres paginitas.

También, los niños desarrollan más curiosidad al explorar, sabiendo que cuando a mamá o papá le hacen una pregunta, ellos se la contestan. No hay que darle una disertación, sino, de acuerdo con las edades, le contestas:

"Ay, mamá, ¿por qué tienes la barriga grande?".

"Mi amor, porque ahí está tu hermanito que está creciendo dentro de mí".

Luego le irás contestando las próximas preguntas

que te hará sobre el mismo tema, paso a paso, pero a la medida de su entendimiento. Muchas veces, cuando los padres aprenden a usar preguntas que conllevan juicios o pensamientos críticos del niño, enseñan al niño a pensar poco a poco. Por ejemplo, nosotros necesitamos, si hay una pelea entre dos hermanos, conducirlos a pensar sobre el hecho con nuestras preguntas.

"¿Qué pasó?". O, "¿Qué tú crees que pasó?". "¿Qué fue lo que causó esta pelea?". "¿Cómo te sientes con esto?". "¿Cómo pudieras haber evitado esta pelea?". O, "¿Qué ideas tienes para poder resolver el problema?".

PREGUNTAS DE CURIOSIDAD

Hay veces que los niños nos hacen una pregunta y nosotros les contestamos con una disertación, es decir una respuesta muy larga. En vez, lo que los padres tienen que hacer es desarrollar una serie de preguntas que son apropiadas para ellos.

Por ejemplo, a tu hijo que te parece disgustado y que a tu pregunta de "¿Qué pasó? ¿Por qué estás bravo?", te contesta cualquier cosa, tú le puedes decir "¿Pero cómo fue que ocurrió eso? ¿Me puedes decir los detalles?". "¿Me puedes dar un ejemplo de lo que ocurrió?". "¿Quieres decirme algo más, de cómo tú te sientes?".

En otras palabras, desarrollar una serie de preguntas y más que nada desarrollar una conversación. Las preguntas más importantes son las que están relacionadas a los sentimientos: "¿Cómo te sientes?". No determinar como se siente, sino preguntárselo. No se le dice "¿Por qué estás enojado?", sino, "¿Cómo te sientes?". Y él es el que tiene que describirlo. Si él no te lo dice, entonces tú le dices "Por tu cara, me parece que estás enojado. Por los puños que tienes cerrados, me parece que estás enojado. ¿O es que tienes otros sentimientos?".

Si una niña entra a la casa llorando, gritando, y la mamá le dice "¿Qué te pasa?", y la niña dice "No puedo encontrar la bicicleta, alguien me la debe haber robado", la mamá le puede decir "Veo que estás triste. Me doy cuenta que estás muy frustrada. Dime qué fue lo que pasó".

Entonces la niña dice "Bueno, la dejé en tal casa, pero cuando salí, no la encontré". No juzgar a la ligera, sino dejar que los niños hablen primero.

ESCUCHANDO A LOS NIÑOS

Otra cosa muy importante como principio básico de la comunicación es aprender a escuchar, estar siempre en la condición de "escuchar activamente". Lo estás escuchando, ¿verdad? Tienes que demostrarle un interés.

Es importante que el lenguaje corporal de los padres demuestre que están interesados en lo que ellos están diciendo. Es muy importante lo que tú estás comunicando al hacer eso: demostrándole interés, mirándolo a los ojos, señalando con la cabeza que estás escuchando.

Estás más activo al escuchar, y también lo estás demostrando mejor, al repetir lo que ellos están diciendo. Por ejemplo, "Me parece que me estás tratando de decir que estás frustrada porque no sabes dónde está tu bicicleta".

O sea, una vez que te dicen algo, no confíes en lo que tú has interpretado, sino repíteselo para que ellos te puedan aclarar si lo entendiste. Eso se le puede llamar una oración aclaratoria, y entonces te contestarán "Sí, es verdad".

Es importante que recordemos no esperar a que sean adolescentes para comenzar a hablarles. Cuando ellos comienzan de pequeños a contarnos las cosas "sencillas" de su edad, vendrán a nosotros con las más difíciles pues ya está establecida la costumbre y la confianza.

Recordemos que tenemos que hacernos accesibles; eso significa que si ellos necesitan hablar con nosotros, debemos de escucharlos y dedicarles ese tiempo a ellos. Si nos necesitan y es un momento en que estamos envueltos en algo muy importante, podemos preguntarles "¿Crees que puedes esperar unos minutos?", y darles el motivo por la cual estás ocupado. No hagamos costumbre de usar esta excusa muy a menudo o no acudirán a nosotros.

Tenemos que evitar ser "preguntones" como detectives o acusadores con los adolescentes. A veces tenemos que respetar su silencio. Le podemos decir "Sé que ahora no puedes expresarte con palabras, pero más adelante estoy aquí para ti". Esto ocurre a menudo con ellos.

CONSECUENCIAS DE LA FALTA DE COMUNICACIÓN

Gracias a los "yuppies" (el apodo que se le ha puesto a esos jóvenes profesionales que valoran tanto las cosas materiales), y a la liberación de la mujer hispana que quiere trabajar, tenemos la situación en que ambos en la pareja están dedicados a su carrera. Nada de eso es malo en sí, no. Es cuestión de saber balancear las obligaciones. Porque, entonces, en el hogar donde los padres están ausentes debido a tanto trabajo, los hijos tienen que responsabilizarse ellos solitos de situaciones que no están equipados para resolver. Se convierten en lo que en ingles se les conoce como el *"latchkey kid"*, o sea, el niño de la llave al cuello.

Tener una relación funcional con los padres enseña a los niños cómo relacionarse con los demás. El no poder tener esa franqueza con los padres, por temor a contrariarlos o molestarlos, tendrá como resultado la dificultad en el futuro de mantener relaciones con otras personas a través de su vida. Posiblemente siempre sienta como un rechazo, una soledad, un vacío.

Y de ahí nace lo que frecuentemente se le denomina lo que yo llamaría el síndrome famoso de esta era, la "codependencia". Esto es cuando una persona se siente con la obligación de siempre estar haciendo algo por la persona que ama para ganarse su amor y atención aunque ésta la maltrate o ignore. La razón de este continuo hacer es porque, de acuerdo con estas personas, lo mucho que hacen es proporcionado a cuánto se quieren ellos mismos. Y, de la misma manera en que te quieres a ti misma por lo mucho que haces por los demás, también esperas que los demás te quieran por lo mucho que tú haces por ellos: "¿Cómo es que no me ama?, si yo le plancho la ropa, yo le compro regalos, yo siempre estoy con él".

Son personas que nunca pueden estar solos porque se sienten vacíos. Son personas que rompen con una relación e inmediatamente ya tienen otra, pues no pueden estar con ellos mismos.

Es más, yo me doy cuenta de que con la liberación de la mujer, tenemos el fenómeno al igual que en el hombre, de la infidelidad donde mantienen una relación fija y otra "corrida". Por ejemplo, a la mujer cuando le va muy mal en el matrimonio porque hay golpizas, y empieza a decir "Yo no voy a aguantar esto toda mi vida", empieza otra relación, aunque muchas veces ésta sea emocional. Ésta es la relación de la salida. Puede que eso no llegue a nada, pero es lo que le da la seguridad de que puede ser amadas por otro, y entonces puede tomar el valor de irse de la relación abusiva. En vez de poder comunicar con honestidad que la relación no funciona, prefiere ser infiel, arriesgarse a tener un problema que puede conllevar más violencia.

COMPARTIENDO NUESTROS PROBLEMAS CON NUESTROS HIJOS

Es bueno que no sólo los niños les hablen a los padres de sus emociones, sino que los padres también puedan hablar con ellos de sus sentimientos.

Por ejemplo, que los niños reconozcan que papá está teniendo dificultades en el trabajo. Tú le debes de decir "Papá ha tenido un día tan difícil. Estoy preocupado".

Pero, por supuesto, como son niños no les puedes decir hasta qué nivel es tu preocupación. Eso lo tienes que guardar para tu esposa cuando llegues a la intimidad de la habitación. Las cosas malas se pueden decir, pero hay que buscar el momento y la forma apropiada conjuntamente con la edad apropiada. Por ejemplo, cuando tú les dices a los niños "Están botando a todo el mundo del trabajo y estoy un poco preocupado y por eso tenemos que ahorrar un poco". Porque eso les enseña la realidad de la vida. Muchos van a decir "Ay, le vamos a destruir su inocencia". Pero eso es la realidad de la vida. Y ¿si de veras pierdes el trabajo? Entonces es un golpe más grande, ¿no? Por eso es mejor prepararlos, pero también decirles "¿Pero qué podemos hacer si pasara eso?". Creo que estos momentos se pueden usar como momentos de enseñanza sobre la vida y sus dificultades. Así es como ellos aprenden, al observar como nosotros respondimos y nos preparamos para las eventualidades de la vida. Ellos no sólo aprenden que la vida tiene su sube y baja, sino también que sus padres, y ellos también, pueden tomar control de sus vidas y destino, aun en las malas.

También es importante que cuando papá llega del trabajo y dice "Estoy muy cansado", si mamá no está trabajando, o a lo mejor mamá trabaja menos que papá, ella puede decirles "Bueno, hoy yo creo que tú debes de calmarte y relajarte. Nosotros nos vamos para la otra habitación". Y ocuparse ella de los niños. Si quieren jugar, que ella juegue con los niños. Pero si tienen que estar callados, les puede decir "Vamos a estar un ratito callados, por el bien de papá". O poner la televisión. Esto es un buen momento, mientras mamá está haciendo la comida.

Es un momento crítico en la familia. Y por eso tiene que haber un balance en el número de horas que ambos trabajan. Uno de los dos tiene que estar trabajando menos, mamá o papá, para poder pasar más tiempo con los hijos y así desarrollar en los niños el poder de expresar sus emociones.

Pero también yo creo que tenemos que desarrollar la conciencia de los niños. Es importante que, si mamá y papá están cansados, los niños aprendan que a ellos no se les tienen que estar entreteniendo constantemente. Ése es el momento en que tú tienes que decirles a tus hijos "Vas a tener que jugar solo". O, "Vas a hacer esto". Sacar los lápices de dibujar, etc. Algo con que ellos estén entretenidos.

Entonces, ¿cuál es la clave para esta clase de día? Que mamá, o los dos, tengan preparada una serie de cosas que son "actividades tranquilas". O sea, si el viernes por la noche hay mucha tensión porque están cansados, entonces es hora para las actividades tranquilas. Cuando se sacan los lápices, entonces es la sorpresa de que vamos a pintar el viernes por la noche. O.K., tener pinturitas de ésas de agua; depende de las edades.

Yo creo que eso hace que los niños desarrollen compasión, empatía, el sentimiento de sentir por los demás.

Muchas veces no tenemos empatía precisamente por el tipo de crianza en que a los niños siempre hay que estar complaciéndolos, para que crean que los queremos. Esto sucede debido al amor condicional con el cual fuimos criados y por los patrones de conducta que tenemos grabados en nuestra mente, y creemos que ésa es la mejor forma de criarlos.

CALIDAD DE TIEMPO

Vamos a exponer una situación donde mamá y papá trabajan horarios distintos. Es posible que lo tengan que hacer para que el uno o el otro esté presente cuidando a los hijos, pero es importante en esta situación tener un día en el cual la familia se reúne y pasa un rato de calidad. Si no es el día entero, será medio día, pero tiene que haber en la semana tiempo para estar unidos como una familia.

Si tu hijo te está hablando o quiere conversar contigo, no puedes estar distraído, mirando la televisión o lo que sea. A menos que los dos hayan escogido ese momento. La familia tiene que pasar momentos de calidad en la semana. Es algo que recomiendo muchas veces cuando los padres están teniendo problemas de disciplina: que exista una oportunidad en la semana donde mamá salga solamente con la hija y papá solamente con el hijo. Por ejemplo, irse a comer una hamburguesa juntos. O irse al parque a tirar pelota. Ese momento es para papá y el niño, mamá y la niña. Ir a la peluquería, arreglarse las uñas juntas. O simple y llanamente, no estar distraídos con todo el mundo sino solo ellos dos.

Claro, se complica cuando hay diez hijos. Pero, hoy en día, no vemos eso con tanta frecuencia. Hay cuatro, pero es muy difícil que hayan más. Y vamos a suponer que tengan cuatro —y yo los tuve—, se puede hacer alternando semanas para cada uno. Y también si papá está dispuesto, podemos intercambiar.

También, por lo menos tres veces a la semana la familia debe de comer juntos. Yo comprendo que en el mundo de hoy hay horarios imposibles, y quizás hemos permitido que uno de los niños lleva la bandeja para el cuarto, mientras está mirando la televisión y come allá. Así no debe ser. Comprendo que no es fácil romper esa costumbre, pero es muy necesario que se coma en la mesa y con la televisión apagada. En mi casa, en los cuartos nadie comía. Y eso me incluía a mí.

Si vamos a comer, se come juntos. Ahora, si nuestros hijos ya van creciendo —y es cuando más vas a ver esto, que tienen que trabajar y llegan del trabajo a comer—, debe, al menos un miembro de la familia, ya sea papá o mamá, sentarse con ése que está comiendo solo.

Lo importante es que los niños se sientan que ellos son importantes, al igual que comprendan que mamá y papá están en el compromiso de estar juntos y de tener su tiempo especial también. De que se quieren.

Yo siempre estoy hablando de que una de las actividades más importantes que puede haber en la familia es ese tiempo de calidad o valioso. No me importa si lo hacen después de la comida, alrededor de la mesa o sentados en la sala.

REUNIONES FAMILIARES

Es muy importante poder tener una noche a la semana de juegos, jugando por ejemplo Monopolio, ajedrez, las damas, dominó. Eso desarrolla mucho la comunicación, y aprenden a saber llevar las reglas de un juego al igual que a perder o a ganar.

Además, el de añadir ese día o dos que se ha determinado es para lo que yo le llamo la "reunión familiar". El día del repaso. El "powwow". Es importante que estas reuniones se deben planificar para acomodar los varios horarios de la familia.

Las reuniones familiares, que semanalmente deben ocurrir en toda familia, son el foro para poder discutir, con ejemplos relevantes, la razón de cada uno de los valores de esa familia. Por ejemplo, si uno de los niños dice con tristeza que un amiguito le dijo que olía mal; se habla sobre la importancia de la pulcritud. O si alguien les quitó un juguete, la importancia de no robar y cómo se siente la persona a la cual se le ha robado, etc.

Es cuando podemos hablar de las cosas que han pasado en la familia esa semana: las cosas buenas y aquéllas que nos han afectado negativamente. Platicar para ver aun en aquéllas que son negativas la lección que nos traen: "¿Cómo es que la enfermedad de abuelita, a quien hemos tenido que traer acá, ha enriquecido a nuestra familia? Porque cuando abuela no está muy malita, la vemos y le podemos leer un libro".

Es donde los muchachos pueden aprender lo que es la familia, los valores familiares. Estas reuniones les hacen ver a los muchachos que hoy vamos a tener que hablar de algo. De algo que les gustó o le fue bien, o algo que no les gustó. Y vienen preparados para discutirlo en familia, y saben que las reuniones tienen un papel importantísimo para que la familia funcione.

A veces, un hermano obliga al otro a hablar de algo. Yo me acuerdo que en mi familia esto sucedía a cada rato, porque Eric era el mas callado y reservado, y Carlos le decía "No le has dicho a mamá lo que te pasó hoy en la escuela". Y el no quería que lo dijera. Yo le decía "Entonces hay que respetar el silencio de él. Pero acuérdate que para eso tú tienes familia".

Y entonces ahí es donde empezaban. O mi hija Lisa decía "A mí también me pasó algo. A mí me pasó tal cosa". O el otro decía algo. O yo decía "Hoy una maestra no me miraba a la cara, porque yo estoy ayudando a los muchachos y ella quiere ser la única que los ayude".

Y entonces allí empezaba la conversación. Hasta que Eric hablaba.

Eso desarrolla la comunicación de la familia. Y por lo general esa rutina debe tener un tiempo para empezar y otro para terminar. Y, por supuesto, la televisión está apagada en esos momentos.

Se entiende que en estas reuniones, uno de los aspectos del arte de la comunicación, el de escuchar, debe ser practicado por los padres y los hijos. Recordemos que a veces hablamos más de lo que escuchamos. Como podemos enseñar a nuestros hijos lo que es escuchar, sirviéndoles de modelo, tenemos que enseñarles nuestro interés por sus ideas, por sus puntos de vista. Cuando ellos vean este comportamiento, en su debido tiempo nos escucharán mejor. Hay veces que los hermanos mayores monopolizan la conversación, y es importante como cabeza de familia que se le pregunte a los más pequeños qué piensan de ese tema. En mi casa Maggie era la más pequeña, y a veces los hermanos no le daban la oportunidad de expresarse.

Una de las estrategias en esa comunicación/conversación es que nos pongamos en la situación por la que puedan estar pasando, y si nos recuerda algo que a nosotros nos pasó, lo compartimos con ellos. Es importante que ellos comprendan que ustedes también cometieron errores y sufrieron consecuencias por ello.

Si tenemos una situación donde el hijo o la hija ha cometido una falta, cortemos el uso de palabras negativas como "Eres un tonto", "testarudo", "haragán". En vez de definir ese acto, esto sólo sirve para definirlo a él o a ella. Al mismo tiempo no se le debe permitir a nadie que lo haga. A veces nos recordamos de un tío o padre haragán y entonces le decimos "Eres como él". No sólo eso puede llegar a convertir una realidad sino que inclusive al hacer eso lo sentenciamos a actuar como el tío. Muchas veces les ponemos el nombre de pila de ese familiar que sella con eso el futuro de esa criatura, pero eso es tema para otro libro.

CAJITA PARA LA COMUNICACIÓN

Éstas son algunas actividades que pueden utilizar en el hogar. Una actividad muy bonita es que cuando tú tienes algo que te gustaría compartir, antes que se te olvide, escríbelo y ponlo en una cajita.

Haces una cajita, la envuelves en un papel de regalo que ya se usó (en vez de botarlo), hazla inclusive de distintos tonos, y que un miembro de la familia sea responsable cada mes de cambiar la cajita y envolverla. Podemos elogiar así a esos que tienen la habilidad artística en la familia, que en vez de usar un papel de regalo, cogen un papel normal y la envuelven y la pintan.

O quizás, yo me acuerdo que Lisa en aquella época empezó eso de las cestas. Y agarró una cesta y le pusieron cintas. Entonces el problema era de "Bueno, el papel se va a ver". Así que entonces se buscó una almohadita que se podía poner encima para que no se vieran las notitas.

Entonces, durante la reunión familiar, se sacan las notitas y éstas se convierten en el tópico a discutir. Si hay muchos, pues se saca uno, dos o tres. Y si hay pocos, se pueden sacar todos. El asunto es que nunca debe ser una reunión que dure mucho tiempo, porque la atención de los niños es de 15 a 20 minutos, tomando en cuenta las distintas edades.

Yo me acuerdo que había veces que la reunión era muy interesante, y se quedaban en la mesa hasta que yo era la que decía "Bueno, ¿cuándo acabamos?".

LA COMUNICACIÓN APROPIADA

Como educadora, madre y psicóloga, sé la importancia que tiene que nuestros niños se sepan expresar, y que desarrollen la habilidad de comunicarse a través de un vocabulario apropiado.

Aquellos padres que se comunican verbalmente con sus hijos a diario, tomándose el tiempo de contestarles sus preguntas, están reafirmando y haciéndoles ver la importancia del habla, y al mismo tiempo, les enseñan cómo escuchar. Y así desarrollan esas habilidades.

Por supuesto, que esto conlleva un esfuerzo de nuestra parte, no nos debemos olvidar que estamos echando los cimientos del edificio para una educación exitosa.

El autor Michael Borba, en su libro de cómo criar hijos, nos ofrece una fórmula dividida en cuatro partes, técnica que nació del trabajo de los Drs. Thomas Gordon y Haim Grinot, expertos en el tema de la comunicación. En ella vemos:

1) La importancia de *escuchar con atención:* Cuando nuestros hijos nos necesitan, observando sobre todo aquellos momentos que visiblemente las emociones están a flor de piel. Por ejemplo, si su hijo lleva un buen tiempo construyendo un objeto, se frustra y tira los bloques, es el momento de ir hacia él, y preguntarle "¿Qué pasa?".

2) Es el momento de usar alguna frase para *crear un diálogo:* "Te noto disgustado...", a la cual él le va a contestar algo.

3) *Reafirmar sus sentimientos:* "Comprendo tu disgusto".

4) *Darle apoyo con empatía:* "Siento mucho que te sientas así. ¿Quieres explicarme cómo lo estabas haciendo?".

Yo diría que los pasos importantes empiezan con la invitación al diálogo o la comunicación. La palabra clave es invitar, no forzar. También tenemos que recordarnos siempre de la importancia del lenguaje no verbal, y prestarle mucha atención a lo que nuestro hijo nos está diciendo con la actitud de su cuerpo. Y hacerle notar que, de acuerdo a como él se expresa, su mensaje verbal se recibirá debidamente.

ACTIVIDADES

Se les puede enseñar juegos o actividades a los niños para ayudarlos a identificar y poder hablar sobre sus emociones.

Ésta en particular es apropiada para niños pequeños. Pueden tener un cuaderno con varias caras que reflejan diferentes emociones. También pueden recortar figuras en las revistas que reflejan las emociones primarias como triste, alegre, enfadado, atemorizado. Se le puede hacer preguntas como: "¿Cómo camina una persona triste? ¿Cómo hablaría?". Y así con las demás emociones.

Puedes poner una película, quitarle el sonido, y que ellos identifiquen las emociones. Por ejemplo: cómo es el comportamiento del desinterés, la tensión, el interesado, etc.

El juego de "charadas" es otro juego que sirve para enseñarles a los niños ya más grandecitos sobre el idioma del cuerpo y nuestra habilidad de comunicarnos sin hablar. Les enseña de una manera divertida que podemos expresar nuestras emociones y pensamientos a través de nuestras expresiones faciales, nuestra postura, y nuestros gestos. Al hacerlos conscientes de las posibilidades, también les estamos enseñando a estar alertas de los mensajes que quizás ellos están enviando conscientemente o no.

CAPÍTULO SIETE

DISCIPLINA Y PROBLEMAS FRECUENTES

La clave para la disciplina de los niños de todas las edades es, primero, que los padres estén bien conscientes del temperamento de sus hijos. Segundo, que anticipen las situaciones. Y, tercero, que sepan escoger sus batallas. Porque a veces hay niños de naturaleza difícil, y tienes que aprender a escoger aquellas batallas más importantes, sino te pasas peleando o corrigiendo todo el tiempo, y eso no es eficaz.

Ante todo, tenemos que conocer que cada uno de nuestros hijos tiene reacciones diferentes. Ellos tienen puntos de dolor diferentes, al igual que no son iguales las cosas que les molestan o enfadan; y debemos de poder reconocer cuáles son esos puntos para poder anticipar, evitar y subsanar situaciones.

Vamos a tener niños cuyo carácter es totalmente tranquilo, y también tendremos otros diferentes. Hay niños que si algo les molesta, te lo dicen: "Eso me enoja, mami". Y hay otros que explotan con ira y agarran lo primero que tienen y lo tiran.

Hay una variedad de razones por la cual eso puede ocurrir. En primer lugar, puede ser un comportamiento aprendido. Pero también puede ser que el niño tiene muy poco control de sus impulsos. Inclusive, hay niños que tienen el desarrollo neurológico atrasado o retrasado, y eso los hace actuar inmaduramente. Por ejemplo, si un niño cuando tiene un año está disgustado y tú ves que tira algo, es normal. Si tiene seis o siete años y lo hace, no está ni bien, ni normal.

Hay niños que son explosivos. Y la madre y el padre tienen que darse cuenta de cuándo están demasiado agitados. Hay mucha agitación o hay muchas actividades en el ambiente: mucha familia, mucha gente. Si sabes que se agita demasiado en ese tipo de situaciones, traten de evadir esas situaciones o tenerlas bajo control. Traten de sacarlo de esas situaciones o empiecen a reconocer los síntomas físicos: se les ponen las orejitas rojas; ya está corriendo demasiado; está riéndose demasiado alto. Ya se está dando cuerda.

Tú sabes que en ese momento que ya está muy agitado, si tú lo tratas de parar, le va a dar una llantera o la pataleta. No lo lleves hasta ese punto. Porque lo que sucede es que esos niños se sienten muy mal consigo mismos después. Porque se dan cuenta de que gritan y se ponen pesados, y luego cuando logran salir de ese estado de ánimo, se sienten mal. Y cada vez que se sienten así, sufre su autoestima. Porque piensan que son diferentes de sus hermanos y de todo los demás niños.

Acuérdate también, con respecto a esos que son apasionados: que no sólo heredamos de nuestros antepasados las características físicas, nosotros hemos heredado también mucho de los elementos emocionales de nuestros padres, de nuestra familia, desde estados de ansiedad hasta desequilibrios químicos. Mas su comportamiento puede ser el resultado de una simpleza, quizás poco obvia. Se ha descubierto recientemente que en algunos casos los problemas de la lectura y las incapacidades de aprendizaje pueden estar basadas en un problema auditivo.

Si te parece que tu hijo nunca presta atención a lo que le dices, o que le dices una cosa y hace otra, puede ser que él no pueda oír todos los sonidos que emites. Por lo tanto, él puede estar interpretando lo que él piensa que has dicho, de acuerdo a la manera en que lo dices.

PONIENDO EL PARCHE ANTES QUE SALGA EL ROTO

Lo que yo les recomiendo es que, cuando el niño ha explotado ya en varias ocasiones —de esos explotes en que empiezan a llorar y no paran, o no paran de gritar y de ponerse colorados—, que anoten qué fue lo que pasó, cuál fue el antecedente a eso.

Hagan esto en forma de tabla: una columna que diga antecedente; en otra pones evento; en otra, acción tomada; y en la ultima, resultado.

Digamos que el niño tiró los vasos, tiró la ropa, no quiso recoger —todo lo que hizo en ese momento cuando perdió el control, todo lo que estaba pasando, lo anotas como evento. Si se había pasado dos horas jugando con un niño mayor, y él quería correr con el niño, hacer todo con el niño, y el niño también lo estaba agitando, esto lo anotas en la columna que dice antecedente. Entonces, en la columna marcada acción, pones lo que tú hiciste para calmarlo. Y cuál fue el resultado.

Si lo que tú hiciste fue darle tres gritos y el resultado fue que no se calló, y siguió gritando armando una pataleta, entonces, si tú eres inteligente, sabes que eso no funciona y que no lo puedes volver a corregir de esa forma.

Yo haría esta tabla por dos o tres semanas. Entonces tienes suficientes eventos para poder analizar. Eso te da lo que se le llama el *"baseline"* (la base). Porque si tú no tienes una base, tú no sabes si estás venciendo o mejorando el problema.

Después de tres semanas, si eres inteligente, te haces consciente de la situación. Entonces lo estás vigilando, lo estás observando. Y tú misma empiezas a modificar tu propio comportamiento.

Si tú lo ves que se está agitando, le puedes decir "Cariño, vamos a tranquilizarnos un ratito ahora". "Vamos para acá a pintar". "Vamos a pintar un ratito ahora".

Y al amiguito, si está con él, "Ahora vamos a pintar. Aquí en nuestra casa, tenemos ratos de tranquilidad a cada media hora".

Porque a lo mejor es el tipo de niño que, si está más de una hora jugando y corriendo, se pone mal. Depende de ti que te acuerdes de eso, y sigas los horarios con atención, junto a las señales de alerta que el niño demuestra, para que lo puedas ayudar a tener control sobre sus emociones.

También, por ejemplo, si el niño está enojado, está peleando, o está contrariado, tú le puedes decir "Tú te sientes tan contrariado que mejor no vas a jugar ahora. Puedes ir a tu cuarto, y estar ahí un rato hasta que te sientas mejor. Luego puedes salir a jugar". Y así le estás enseñando que está bien. Tiene ira, está frustrado, pero "No te la desquites conmigo".

MULTAS Y ESTRELLAS

Tienes que recordar que es necesario guiar a nuestros hijos hacia un comportamiento deseable. Si sólo les prestamos atención cuando se comportan de manera indeseable, entonces se seguirán comportando así para conseguir nuestra atención. Pero, con el simple sistema de multas y estrellas, podemos recompensar a nuestros hijos por las cosas que nos agradan, y castigarlos por aquellas que no.

Cómprate una cartulina de colores: anaranjado, verde, de todos, si los quieres hacer de varios colores. Con eso, se hacen unas pequeñas multas que le vas a dar a tu hijo cada vez que viole las reglas de la casa o no haga sus quehaceres. Entonces, en vez de estar arriba de ellos —"Limpia tu cuarto", "Arregla tu cuarto", "Haz la tarea"—, les das una multa, tres por día. Por ejemplo, después de la tercera multa la hora de acostarse se mueve una hora antes.

Digamos que se trata de su habitación, la cual está supuesto a limpiar. Primero tienes que determinar cuándo es que tú quieres que ese cuarto esté arreglado. Sí. Nunca le digas "dentro de dos minutos", porque tú lo puedes hacer, pero el niño no ha aprendido a trabajar con orden.

Es mejor decirle "Vamos a decidir cuándo es que tú puedes limpiar o recoger tu cuarto: el lunes, el sábado, el día que sea". Inclusive, también es bueno darle opciones a escoger respecto a varias cosas. "¿Tú quieres hacer esto ahora? O, no lo haces y te vas a la cama una hora antes". "¿Tú te quieres tomar la leche ahora? O ¿tú prefieres tomar jugo?". A los niños, sobre todo cuando tienen menos de siete anos, es bueno darles a escoger, porque eso aumenta su sentido de responsabilidad.

Y tienen que cumplir con esa responsabilidad. Por ejemplo, en eso del cuarto, si ese día tú has pasado por el cuarto y te has dado cuenta de que no está recogido, tú le das la primera multa. Se lo pones inclusive en la puerta. Así el niño se da cuenta. No tienes que hablarle. Ya él lo vio.

Y el anaranjado es el primer aviso. Pero si él reúne tres o cuatro multas en un día, cualquiera que sea la cifra predeterminada por los padres, esa noche se acuesta una hora más temprano.

Esto trae sus consecuencias. Y ése es el próximo

principio: que los niños necesitan saber que cada acto conlleva su consecuencia.

Las multas funcionan. Yo las usé con los míos.

También usé las tablas con estrellitas de distintos colores, y les aseguro que éstas también funcionan.

Por ejemplo, cuando tienes un niño que está tocando un instrumento: "Bueno, ¿cuándo es que tú quieres practicar el piano? ¿Tú lo quieres hacer cuando llegues de la escuela, o lo quieres hacer antes de irte a acostar? Escoge".

Entonces el niño tiene que escoger. Porque así no le das la oportunidad de que no te conteste nada, y luego estés obligado a caerle atrás todos los días diciéndole, "Vete a estudiar el piano".

Le estás dando a escoger. Le estás dando la responsabilidad, y así tú no tienes que seguir siendo el ogro. Ellos tienen que tomar responsabilidad de sus opciones. Y a eso también se le llama "compartir el poder" con tu hijo.

Entonces, cuando hacen lo que están supuestos a hacer, les das una estrella. Es el mismo sistema de las multas, pero a la inversa. Reciben una estrella de un color la primera vez que hacen algo bueno, luego otro color por lo próximo, y así sucesivamente. Si logran tener tres o cuatro estrellas en cierto espacio de tiempo, se les recompensa con algo que a ellos les guste, tal como poder ver un programa especial en la televisión, quedarse despiertos media hora más allá del horario normal de dormir, o comerse un helado o cualquier otra cosa.

También puedes usar las estrellas como recompensa por el buen comportamiento. "No peleaste con tu hermano esta tarde, toma una estrella." O, "Gracias por jugar tranquilito mientras mamá hablaba por teléfono." No tienes que hacerlo cada vez que hacen algo. Y es interesante notar que esto le da aún más fuerza a este sistema. Los investigadores han comprobado una y otra vez que las personas (y los animales también) trabajan con más ahínco cuando las recompensas son ocasionales que cuando son habituales.

Al no saber cuándo lo van a recibir, repiten constantemente ese comportamiento esperanzados de recibir la recompensa. Si reciben la recompensa cada vez, entonces sólo lo hacen cuando desean la recompensa.

En otras palabras, le das una estrella a tu hijo hoy por compartir un juguete con su amiguito, o por comerse toda la comida. Luego puedes repetir esto mañana. Después esperas uno o dos días antes de hacerlo de nuevo. A la próxima, le vuelves a dar una estrella.

DISCIPLINANDO A LOS NIÑOS

La primera regla de la disciplina infantil es la consistencia. No puedes decirle a tu hijo que no puede mirar televisión hasta terminar su tarea hoy, y mañana le dices que mire televisión y luego puede hacer la tarea.

También, es importante recordar que, por lo general, el niño es más pequeño que tú. Para hablarles de una forma en que les preste más atención, yo siempre les aconsejo a los padres "Bajen al nivel del niño". Es decir, que se agachen al nivel de los ojos del niño y le digan "Yo me siento frustrada. Yo me siento triste. Yo me siento disgustada cuando te repito las cosas y no me escuchas bien, y no haces lo que te pido".

Ante todo, tus hijos necesitan saber claramente lo que tú esperas de parte de ellos. Si ellos no saben lo que tú quieres que hagan, no puedes esperar que hagan lo que tú quieres. Es importante que ellos te entiendan claramente. Ellos necesitan comprender. Tú no puedes entrar al cuarto y levantar al niño del piso de un tirón y decirle "¡No!", y ponerlo de penitencia. Es necesario que sepan que estás enojada porque regaron los juguetes por todo el cuarto, o porque le arrancaron las páginas al libro de papi.

Por lo tanto, cuando tienes que disciplinarlos, tus hijos necesitan saber —de nuevo les repito la palabra, claramente— lo que han hecho mal. También necesitan saber que habrán consecuencias. Y que estas consecuencias son el resultado directo de sus acciones.

Como verás en los ejemplos que te doy de cómo lidiar con los problemas comunes que todo padre enfrenta en algún que otro momento, hay una explicación y una consecuencia.

Aún, no vale nada, habrán momentos en que nuestros hijos nos llevan más allá de nuestro límite. Habrán momentos en que no pararán de gritar, no importa lo que hagamos o digamos. Habrán momentos en que se levantarán de una penitencia sólo para volver a hacer algo más, que saben está malhecho también. Habrán momentos en que lanzarán algo, y después de regañarlos y ellos prometerte que no van a lanzar más el juguete, agarrarán otro y lo lanzarán también.

Como padres que somos, sin embargo, debemos recordar que nuestros hijos aprenden de nosotros. Si perdemos el control, es difícil pedirles que no pierdan el de ellos. Para esos momentos en que tus hijos te prueban la paciencia más allá de los límites humanos, yo tengo una estrategia con una liga.

Esto es especialmente útil para las personas que son muy impulsivas y gritonas. Se deben poner una liga de pulsera. Entonces, cuando vayan a perder el control se dan un ligazo en la misma mano. Esto es un recordatorio de que "¡Pares! Que pares lo que estás haciendo para que no sigas rumbo al explote".

Si esto no es suficiente, tómate un descanso. Márchate del cuarto. Cuenta hasta 10. O hasta 100. Llama a tu esposo, a una amiga, a tu mamá. Cuéntales lo que está sucediendo. Puede que tengan alguna sugerencia acerca de cómo lidiar con esa situación. Como mínimo, el hecho de contarles el problema te servirá de calmante.

LIDIANDO CON PROBLEMAS COMUNES

Por lo general, nuestros hijos van a hacer ciertas cosas que no serán de nuestro agrado. Todos lo hacen, o en un momento o en el otro. Y, casi todos hacen exactamente lo mismo. Si estás preparado por adelantado para lidiar con ellos, entonces es más probable que mantengas la calma. Siga estos consejos y podrá pasar menos tiempo disciplinando a sus hijos, y más tiempo disfrutándolos.

Morder

Por lo general este comportamiento ocurre durante los primeros tres años de la vida de un bebé. A esa edad el morder es bastante común cuando un bebé siente emociones fuertes, y por lo general se necesitan varias correcciones para eliminar este comportamiento.

Bajamos a su estatura, le miramos a los ojos, y se le dice firmemente "¡No!". Y se le retira inmediatamente de la situación por un tiempo adecuado (un minuto por cada año de edad). Esto es para decirle al niño que comprendes que tiene furia, genio, ira, pero que morder no es la forma correcta para demostrarlo.

Es importante que la madre/padre no muerda al niño para hacerle ver que es incorrecto, o que comprenda. Esto es contraproducente, pues se refuerza el comportamiento.

Pintando Paredes

Cuando el niño o niña comienza a demostrar sus talentos artísticos en las paredes, piso o libros usando algún creyón, lápiz labial, etc., inmediatamente se le dice que eso no se hace en las paredes, sino en papel. Comienza en seguida con dos esponjas, una para el niño y otra para ti, a limpiar el "arte" de las paredes.

Para los niños pequeños es importante que haya una consecuencia apropiada e inmediata, aunque esto signifique dejar lo que estás haciendo y suministrarle dicha consecuencia.

También es bueno tener papel en cantidades comerciales, para poder brindarle a tus hijos un lugar donde expresar sus talentos artísticos. Puedes comprar papel de rollo como el que se usa para empaquetar y enviar por correo, y pegarlo a la pared, de manera que puedan hacer murales en su debido momento.

Pataletas

En lugares públicos, éste es otro comportamiento común de los primeros tres años.

Por lo general las pataletas son un acto de llamar la atención. Si el niño o niña comienza a gritar, se le deja que grite. Y si no se calla al no prestarle atención, se le lleva afuera de la tienda, al carro, y esperas con él, dejándolo llorar hasta que se canse. Cuando termina le dices que vas a entrar a la tienda y que tú esperas que no vuelva a gritar. Le abrazas, y le dices que estás contenta que ya se calmó un poco.

Si se porta bien, puedes reconocerlo y también decírselo a su papá cuando lleguen a la casa. El reconocer un comportamiento bueno es la mejor forma de eliminar comportamientos malos.

¿Cómo podemos evitar situaciones donde pueda ocurrir otra vez?

Nos toca a nosotros, como padres, conocer a nuestros hijos y las señales que nos dan antes de comenzar a tirar cosas, llorar, patalear, etc.

También le hacemos un favor a nuestro hijo cuando le enseñamos cómo manejar su frustración. Si está armando una torre de bloques y se le están cayendo frecuentemente, puedes interrumpirlo y decirle "No tienes que terminarla ahora. Déjala. Haz otra cosa y cuando regreses a él podrás tratar otra vez".

Es importante que el niño aprenda a tomarse un "tiempo de descanso" para calmarse un poco. Así le estamos dando una herramienta para controlar sus emociones.

También es importante tener reglas de disciplina que han sido fijadas y habladas de antemano para prevenir estas situaciones.

Haz esto en tres partes: 1) Avanza la idea. 2) Repasa los comportamientos aceptables y los que no lo son. 3) Discute consecuencias por el comportamiento aceptable y consecuencias por los no aceptables. Por ejemplo, como ya le mencioné, les puedes dar estrellas, que después de cierto numero pueden canjearlas por algo especial.

En otras palabras, tienes que anticipar las situaciones. Tú debes conocer a tu hijo. Tú debes darte cuenta de lo que él hace cuando va a una tienda, por lo general. Decirle "Vamos a ir a comprar comida en la tienda y espero que te portes bien. No me puedes pedir nada. Pero si te portas bien, al final te dejo que tú escojas un cereal, o algo".

No necesariamente tiene que ser siempre así, porque no todos los padres tienen el dinero para dejar que el niño pueda escoger algo. Seguro también que hay que ponerle ciertos límites a lo que puede escoger, y entonces entrar a la tienda.

Si el niño se comienza a comportar mal, está ya entendido que van a salir de la tienda y van a ir al carro hasta que se le pase la pataleta. Y cuando termine, todavía tienen que volver a entrar a la tienda. O sea que el niño se de cuenta de que con la pataleta no va a manipular la situación.

Vamos a decir que estamos en casa y el niño empieza con una gritería. En mis estudios he confirmado que la mayoría de los niños que arman ese tipo de escándalo saben que se salen con la suya. Por lo general.

Ellos no lo harán de nuevo si a la primera vez que hacen eso, tú le dices a tu hijo o hija "Yo comprendo que tú quieres ver ese programa en la televisión, pero mamá y papá han decidido que tú vayas a la cama ahora. Entonces, si tú sigues gritando, no solamente vas a ir a la cama ahora, sino que mañana no vas a poder ver el programa anterior inclusive. Así que escoge".

También deben de estar anticipando las situaciones malas. Por ejemplo, sobre todo cuando los niños tienen tres o cuatro anos, si lo sacas de sus horarios y de su estructura, o la rutina que tú llevas todos los días, por lo general, ellos se sobreagitan. La mamá y el papá los conocen. Hoy, si se han pasado el día afuera y no han dormido siesta, cuando llegan a la casa empiezan con la gritería, empiezan con la majadería y cuando le dicen si, ellos dicen no, tú puedes anticipar esa situación.

Mi nieta es de carácter fuerte. Pero yo sé que a ella

le gusta bañarse. Si estuve el día entero afuera jugando con ella, llevándola a las tiendas y todo lo demás, le decía "Ahora nos vamos a bañar. No pases por la sala, ni por el televisor. Vamos a bañarnos".

La dejo jugar en el baño, que la calma. Y después, se puede comer, y para la cama.

Problemas Para Dormir

Creemos que hemos logrado tremendo triunfo cuando nuestro bebé comienza a dormir la noche entera, extendiéndose de 10 ó 11 P.M. hasta las 5 ó 6 A.M.

Y, de repente, llega a los 16–18 meses y comienza a dar gritos a mediados de la noche como si alguien lo estuviera matando. Y mientras más ojerosos estamos y más necesitamos el sueño, más se repite el patrón.

¿Qué pasa? A lo mejor hay un nuevo bebé en la familia y quiere recordarles que él también los necesita. Si éste es el problema, 10–15 minutos en la noche para leerles en la cama le da la atención que necesita. A veces se trata de que comienza a darse cuenta de que hay una separación, creada por la edad, otro bebé, cambio de rutina (mamá trabajando), y es un esfuerzo de reconquistar lo perdido.

Es muy importante que los niños tengan una rutina bien establecida cuando se trata de la hora de dormir. Que se laven los dientes, se pongan el pijama, lo que sea. Y se dice "Es el momento de irse a la cama", en ves de "tienes que irte a la cama". O puedes decir "A ver, ¿cuál es la primera cosa que tenemos que hacer para ir a la cama?". O preguntarle "¿Tú quieres que yo escoja la historia de esta noche? O ¿tú la escoges?".

Se puede hasta usar un reloj. Entonces, cuando la mamá dice "Bueno, yo creo que ya es hora de irse a la cama", enseñarle que hay un reloj marcando la hora. Y, de acuerdo a como ellos hagan sus actividades, cuan rápido las hagan, hay tiempo para leer el cuento.

O sea que dices "Bueno, hay una hora para bañarse, lavarse los dientes, ponerse el pijama, recoger y escoger la ropa que vas a ponerte. Entonces hay tiempo para el cuento".

O sea que tienes que determinar cuánto tiempo se demora todo esto para estar en lo cierto, ¿no? Entonces los niños se van a apurar, porque lo más probable es que lo que quieren es que les leas el cuento.

Te aseguro que cuando tú tienes una rutina tan perfeccionada como la que yo te estoy explicando, y tan específica, los niños no te van a dar muchos problemas en entender que su cuarto y su cama son de ellos y la de mamá y papá están en otro lado.

También hay que hacerles comprender a los niños más pequeños que el hermano mayor puede acostarse más tarde. Si se pone bravo, le dices "Sí. Yo comprendo que estás disgustado. Pero él puede. Él es mayor que tú y puede quedarse un poquito mas tarde".

Entonces eso le da a ellos aquella esperanza de ser un poquito más grande. Todas esas cositas pequeñitas son las enseñanzas importantes. Y así cuando los niños van creciendo, pueden determinar o decidir si quieren irse a la cama a las 7:15 ó a las 7:30, a las 8:15 ó a las 8:30. Como sea el programa en tu casa.

Lo importante es que los niños se den cuenta de que a partir de las nueve de la noche, el tiempo ése les pertenece a mamá y papá. Si los niños ya son adolescentes, les puedes decir "Si tú no quieres dormirte inmediatamente, está bien. Pero es hora de tranquilizarse, no de juego".

Entonces, por ejemplo, los viernes y sábados tienen permiso de acostarse más tarde.

Terror Nocturno

Cuando hay un terror nocturno, o pesadilla, mamá o papá, cualquiera que le ha tocado el turno, se levanta y le dice "¿Qué pasa?".

"Veo un monstruo en el ropero".

No le digas que no está. No. Vas al ropero. Abres la puerta. Miras adentro. Y le dices "Ven acá. Yo no veo ningún monstruo aquí".

Si te dice que está debajo de la cama, entonces, "Bueno, entonces miremos debajo de la cama. Tampoco hay monstruo alguno aquí. Quizás fue un sueño que tuviste, yo no sé. Pero lo cierto es que aquí no hay ningún monstruo".

Llévalos contigo a escoger una luz de noche o lamparilla y asegúrate que la tengan prendida todas las noches en su cuarto.

Si el problema persiste y el niño continúa levantándose a medianoche, primero se le regresa a la cama y se le asegura que todo está bien. Si dice que hay "monstruos" en el ropero, se le abre el ropero, o debajo de la cama, y se le dice "Ves que no hay nada".

Si esto continúa se le puede preparar un colchón al lado de la cama de los padres en el piso, para usarlo por lo pronto. Luego se le va separando el colchón de la cama, hasta que se acostumbre a quedarse en su propia cama.

El secreto está en ser constante en la disciplina. Y sí es verdad que les costará unos cuantos días de desvelo, pero lo lograrán.

También creo que es importante averiguar si esto tiene referencia a algo que pasó durante el día. Si por ejemplo se despierta con una pesadilla, pregúntale "¿Qué fue lo que pasó?".

Si el te dice "Que soñé con un monstruo", le dices "Bueno, mira, ya te despertaste, ¿verdad? Ya ese sueño quedó atrás. Ahora vamos a rezar para que los angelitos te protejan".

Y ten una oración especialmente hecha para ellos que puedan rezar juntos. Ahí es donde viene la enseñanza que les estás dando a tus hijos, de esa confianza de que lo va a proteger un angelito.

Para mis nietos yo tengo una: Ángel de me guarda / Dulce compañía / No abandones a Gabriela o Marco / De noche ni de día.

Las pesadillas son mayormente el resultado de la excitación del día. Lo que sucede es que, hasta la edad de siete años, el niño no sabe la diferencia entre lo que es un sueño y lo que es la realidad.

Inclusive, muchos niños tienen un concepto de la realidad muy diferente. Por eso es tan peligrosa la televisión y los programas violentos. Ellos consideran la realidad desde su punto de vista. Está basada en ellos. "Ésta es mi realidad".

Por eso tú no le puedes decir "Estás equivocado". Porque no entienden lo que estás diciendo. No poseen el poder cognoscitivo, el nivel de comprensión, para entenderlo.

Y por eso tienes que decirle "Mira, debajo de la cama no hay nada, ¿ves?". "En el closet, no hay nada".

Entonces, si sigue, si el sueño fue muy fuerte, y si esto se repite, es necesario ver qué es lo que está produciendo estos sueños.

Puede ser que esté viendo programas de violencia o con demasiados monstruos. Cosas que no son apropiadas para él. Yo he tenido casos de niños, que los padres me los han traído porque "No sabemos qué hacer". Sólo para luego descubrir que a mamá y papá les gusta ver películas de horror, y dejan que los niños las vean con ellos.

Problemas Del Habla

Si estás preocupado por lo mucho que tu hijo se demora en hablar, llévalo a un experto. Pero recuerda que sólo porque se esté demorando mucho en hablar —se está demorando más que su hermana, o más que su primo, o quien sea— no es motivo para pensar que algo anda mal. Cada niño tiene su momento para empezar a hablar. Algunos empiezan temprano, y otros más tarde.

Mi hijo Eric, cuando tenía tres años, no es que hablaba como un bebé, sino ¡no hablaba!

Lo llevé a todos los especialistas, a todos. Nada.

Entonces yo me acuerdo que él hacía "¡Ummf!", cuando quería algo. Y, claro, yo se lo daba. Pero le empecé a decir "¿Cómo se llama esto?". Y él me miraba. Porque era terco en ese sentido.

Hasta un día que estábamos sentados a la mesa. Y yo me acuerdo que dijo "Pásame la mantequilla, por favor".

Y yo me acuerdo que mi otro hijo, Carl, me dijo "Mami, ¡habló!".

Tres años. Y lo dijo completo en una oración. Es que él era un perfeccionista. No quería hablar hasta que no supiera cómo decirlo todo bien. Ésa fue mi interpretación. Sabrá Dios cuál fue la realidad. O se le había trabado la zapatilla, no sé.

Lo que sí podemos hacer, como padres que somos, es ayudarlos a desarrollar su vocabulario. Ellos no van a hablar si tú no les hablas. Háblales como parte de tu rutina diaria. Le puedes decir "¿Qué es lo que se necesita para ir a la cama? Hay que ponerse el pijama. Hay que bañarse, lavarse los dientes, recoger las cosas que están en el piso, tener la tarea hecha y escoger la ropa de mañana".

Si quieren que los niños sean un poquito más adelantados, pueden hacer una tabla donde vas a escribir "lavarse los dientes", y poner esas palabritas. Lo puedes poner en la puerta de los cuartos. Así que el niño pueda identificar cada cosa que hace. Haces uno para cada niño. Y ya cuando tiene los cuatro años, eso es una estrategia muy buena por ejemplo, para que los niños empiecen a reconocer las letras y los principios fonéticos.

Celos Entre Hermanos

Cuando los hermanos saben que son diferentes, a veces compiten por la atención de los padres. Por eso es importante que los padres se den cuenta de las habilidades de cada uno. Por supuesto, deben estimular los intereses individuales y las habilidades especiales.

También deben hacer un tiempo especial para cada uno. Puede ser una hora a la semana con papá y el otro lo tiene con mamá: saliendo a comer solos, a una película, a un parque.

Es importantísimo que la familia completa participe en las actividades importantes de todos, tal como las competencias, recitales, etc. Y también todos deben reconocer el esfuerzo de los demás, para hacer posible cada uno de ellos.

Enseñarles A Usar El Baño

En nuestra sociedad hay un gran apuro de que nuestros hijos aprendan temprano cómo usar el baño, por tres razones:

Porque nosotros somos los llamados a limpiarlos (y por mucho que los queremos, es algo que no está en nuestra lista de preferencias). Porque en muchas guarderías *(daycare)* es un requisito previo para ser admitido. O, porque quizás queremos ir a trabajar y nos libera el saber que van independientemente al baño.

Si tuviéramos todo el tiempo del mundo, y no fuera necesario presionarlos, la mayoría de los niños tarde o temprano se entrenarían solitos. Así evitarían los sentimientos de culpa, vergüenza, momentos de atención mal adquiridos, y temas de control entre hijos y padres.

Como nuestros hijos aprenden observando, tarde o temprano imitarían lo que sus padres hacen.

Pero si vamos a comenzar a enseñarles a nuestros hijos a usar el baño, entonces existen ciertos puntos importantes que debemos tener en mente.

No debes intentar el comienzo de este proceso antes de los 2½ años, a menos que él lo pida. Tenemos que recordarnos que ellos se están formando fisiológicamente, y antes de esta edad, rara vez su organismo está listo para autocontrolarse.

Cuando se comienza este entrenamiento es mejor comenzar usando una sillita de orinal para niños. Muchos niños se asustan al sentarse en un inodoro, pues sus piesesitos no llegan al piso. También, el ruido del inodoro al evacuarlo los asusta, pues algo que ellos echaron se fue, parte de ellos se fue.

Hay que dejarlo sentadito al principio. Se le deja en su sillita, y uno se queda allí. Si hace algo, se le aplaude. Y si decide no hacer nada, se le acepta que no está listo.

En caso de que el niño tenga un problema, y tiene 5

ó 6 años o más y continúa teniendo accidentes, hay que determinar si es un problema fisiológico. Se debe consultar al pediatra.

Si es un problema de control, analicemos qué está ocurriendo emocionalmente con el niño, examinando qué papel estamos jugando en esta lucha. Y, con suavidad le diremos que de aquí en adelante él tiene que lavar su ropa interior y las sabanas cuando hay accidentes.

Esta regla es importante aunque se haya encontrado un problema fisiológico, pues lo hace responsabilizarse con su problema.

Si el problema es de orinarse en la cama, la restricción de líquidos de una a dos horas antes de ir a la cama, combinado con el ir al baño antes de acostarse, y despertarlo para ir al baño por el último que se acueste, nos ayuda en esta situación.

Si el niño es de edad escolar y se hace pipí o caca en la escuela, hay que decirle que él es responsable de decirle a la maestra cuando quiere ir al baño, y que la maestra, al estar avisada de la situación, le dé permiso sin llamar la atención delante de sus compañeritos.

Mentiras

Nos toca a nosotros como padres enseñarles a nuestros hijos la importancia de la honestidad y de no hacer trampa.

Cuando dicen mentiras o hacen trampas, muchos padres sólo tienen que mirarse en el espejo para ver el porqué. Los niños aprenden lo que se les enseña, y lo que ven. Ellos repiten lo que oyen.

Si alguien te llama por teléfono, y simplemente no los quieres visitar, por lo cual dices una pequeña mentirita, como "O, no, no podemos ir. Mi esposa está enferma". Nosotros lo vemos como una mentira piadosa, para evitar herir los sentimientos de esa persona, al no decirles la verdad de que simplemente no tenemos deseos de verla ahora. Pero, si tu hijo te escucha y sabe que esto no es verdad, él va a pensar que está bien mentir.

De la misma manera, si tu hijo te oye haciendo alarde de que la cajera marcó el precio equivocado de algo que estabas comprando en la tienda: "Y no le dije nada. Y me ahorré un dineral". Entonces tu hijo va a pensar que es correcto ser deshonesto.

Tenemos que estar seguros de que le sirvamos de ejemplo a nuestros hijos. Y no nos podemos molestar con ellos si se convierten en copias al carbón de los ejemplos que ven.

Si nosotros somos honestos, pero nuestros hijos aún mienten, puede ser porque se sienten rechazados, con miedo a las consecuencias, o simplemente es señal de una baja autoestima. Debes evitar preguntas directas cuando sabes la repuesta y trabajar sobre el problema fundamental de sus sentimientos de rechazo, temor o baja autoestima mientras continúas demostrándole que la honestidad es importante y muy valorada en su hogar.

También tenemos que estar seguros de recompensarlos al ser honestos. Si por ejemplo, tu hijo rompe algo y viene a decírtelo, o cuando tú preguntas lo admite, le debes recompensar por decir la verdad. Puedes decirle "Tú sabes que no estás supuesto a jugar pelota dentro de la casa. Por eso es que rompiste la lámpara. Debo de mandarte a la cama una hora antes esta noche y no dejarte salir a jugar este fin de semana. Pero como fuiste honesto y me dijiste lo que pasó, no lo haré".

Si lo vuelven a repetir, por supuesto, los tienes que castigar. Pero aún les debes recompensar su honestidad, reduciendo el castigo: hacerles ir a dormir media hora antes, o dejarles jugar el domingo, pero no el sábado.

CAPÍTULO OCHO

TEMAS DIFÍCILES

Por muchos motivos, el mundo de hoy es un lugar mucho más complicado de lo que era en tiempos de nuestros padres. Tenemos las computadoras y el Internet, los juegos de video y los programas para adultos de televisión por cable. Todos estos ejercen un efecto sobre nuestros hijos.

A la misma vez, aún tenemos con nosotros algunos de las dificultades que nuestros padres se tenían que enfrentar durante su era, tal como el sexo en la adolescencia, y cómo enseñarles a nuestros hijos a lidiar con la muerte.

Pero incluso esos problemas se han puesto peores, más complicados. En esta era del SIDA, el sexo puede matar. Los niños están experimentando con el sexo a una edad más temprana. La violencia en las barriadas está enseñándoles a los niños que la muerte con violencia es aceptable, y ellos ven que otros niños están muriendo cada vez más pequeños. La disponibilidad ampliamente propagada de pistolas hace de la muerte por disparo accidental una triste realidad de la vida diaria.

Debido a que éste es el mundo en el cual tenemos que criar a nuestros hijos, estos son temas que los padres tienen que saber tratar efectivamente.

VIOLENCIA

Ha sido definitivamente relacionada la violencia en los medios como la televisión, la música, los juegos de vídeo y las películas con la creciente agresividad entre los niños.

Cuatro asociaciones estadounidenses —la Asociación Medica Estadounidense, la Academia de Pediatría Estadounidense, la Asociación Psicológica Estadounidense y la Academia Estadounidense de Psiquiatría del Niño y del Adolescente— declararon que presenciar entretenimientos de naturaleza violenta puede llegar a incrementar actitudes, valores y comportamientos agresivos en los niños. Los niños entonces pueden considerar la violencia como una forma efectiva de resolver conflictos.

Por eso, los padres, en la forma que resuelven los conflictos en el hogar, sirven de modelo o pauta a seguir para sus hijos.

Muchas veces, debido a la crianza que nos han dado a nosotros, creemos que debemos repetirla con nuestros hijos. Como no hemos ido a la escuela a estudiar cómo ser padres, creemos que de la misma manera en que nos daban un golpetazo, nos tiraban una galleta, o nos daban un palazo, si nuestros hijos no hacen lo que queremos, les debemos hacer eso mismo a ellos. Y si ustedes resuelven con gritos, golpes, groserías, los niños pensarán que es así cómo se resuelven los problemas.

Solamente hay dos formas de demostrar la ira: o por un comportamiento o verbalmente. Pero si el comportamiento es excesivamente explosivo o si la expresión es grosera, no es aceptable.

Entonces, ¿qué podemos hacer como padres?

Primero es reconocer que si el niño tiene su "tanque emocional de amor" lleno, es más fácil de manejar. Así que recordemos eso. Como padres le tenemos que enseñar que si verbalmente expresamos nuestro disgusto correctamente, con la persona que nos ha disgustado, quizás podemos llegar a un acuerdo que pueda evitar que se repita ese disgusto en el futuro.

Tenemos que enseñarles a nuestros hijos que cuando hay un conflicto, existen ciertos pasos a seguir:

1) Definir cuál es el problema
2) Discutirse las alternativas para resolverlo
3) Decidir ¿cuál de ellas es la que mejor nos parece?
4) Poner en práctica la solución
5) Asesorarse después de un tiempo si funcionó esa solución.

6) Si no ha funcionado, podemos regresar al punto 2 y comenzar de nuevo desde ahí.

ARMAS DE FUEGO EN LA CASA

Cada año más de 3,500 jóvenes americanos mueren por accidentes con un arma.

Por lo tanto, es importante hablarle a nuestros hijos las razones por las cuales las armas son un peligro. Yo les diría: "Aquí no va a haber arma de fuego, y si tú ves un arma de fuego en algún lugar, sales del lugar inmediatamente, y vete a buscar un adulto, vete de ahí".

Los padres no deben de sentir vergüenza en preguntar si en la casa que sus hijos visitan tienen un arma de fuego.

Cuando nuestros hijos van a visitar otra casa, se debe hablar sobre cosas como los programas de televisión permitidos, qué animales hay en la casa, el uso apropiado del Internet en la casa, enfermedades recientes, y con buena educación y ecuanimidad, se pregunta si hay un arma de fuego en la casa.

La forma en que se pregunta es importante. Esto no significa que uno como adulto los está juzgando, sino que tenemos ciertas reglas, y como las armas son prohibidas en tu casa, puede ser que se sientan atraídos por un arma y la toquen, que sólo estás protegiendo a tus hijos.

La organización PAX, localizada en Nueva York, ofrece información y ayuda sobre cómo lidiar con las armas de fuego y los niños, a través de su campaña ASK

(Pregunta). Es una organización no lucrativa que hace llegar mensajes de esta índole a las escuelas, oficinas de pediatras, vallas de anuncios, etc. Los puedes contactar al 212–254–5300, o en el Internet en paxusa.org.

La Asociación Nacional del Rifle (National Rifle Association, o NRA) cree en educar a los muchachos a no tocar las armas. Con su programa Eddie Eagle Gun Safe, el cual ha alcanzado a 13 millones de niños desde pre-K hasta sexto grado desde el año 1988, este grupo les enseña a los niños: "Si hay un arma, detente, no la toques. Deja el área. Ve y di esto a un adulto".

Preparando A Los Hijos Para El Tema "Muerte"

¿Cómo podemos preparar a nuestros niños acerca del tema de "la muerte" y la pérdida de seres queridos?

Es importante que como padres no hagamos lo que muchos en nuestra cultura latina hacen, que es esconder enfermedades críticas, muertes, etc.

Una de las llamadas que recibí en la radio fue del tío de una niña a quien no se le había dicho que su madre, la cual se había ido de vacaciones, había muerto de un ataque al corazón. La niña se había quedado al cuidado de su padre y su esposa, ya que sus padres se habían divorciado. Aquí tenemos una niña de siete años con doble pérdida —el divorcio y ahora la muerte— y nadie quería decirle lo que había sucedido.

Es necesario que los niños participen en el proceso del reconocimiento de la muerte que conlleva el funeral, el velorio, servicios de entierro, etc. Ése es el momento de hablar del concepto de la muerte como parte inevitable del concepto de la vida.

Si hay abuelitos, es importante que los niños comprendan lo que es el proceso de envejecer. Y eso nos lleva al tema de la alimentación y los buenos estilos de vida, por ejemplo, no fumar, el uso de las drogas, la importancia del ejercicio, y ante todo un enfoque sobre la conversación con nuestros abuelos y la riqueza de sus historias y experiencias.

Una de las mejores formas de entender la muerte es cuando se le muere un animalito que ellos quieren. Es bueno que ellos puedan hacer un entierro apropiado, que digan unas palabras de reconocimiento para ese animalito que murió, lo que éste significaba para ellos, e instarlos a que hagan con cartulina un marcador sobre el lugar donde fue enterrado.

Si la muerte ha sido por un acto de violencia, con más razón hay que dejarlos expresar sus sentimientos de cualquier forma, ya sea, escribiendo, hablando, dibujando, quizás hablando con otros familiares.

Lo importante es incorporar el concepto de la muerte como algo que ocurre naturalmente en la vida. Y sí, se sufre, pero es por la separación del ser querido y, como todo en la vida, se supera.

Para poder hacer todo esto, los padres tienen que conversar y explorar sus propias ideas sobre la vida y la muerte. Esto es tema de conversación para la pareja, quienes deben discutirlo bien antes que surja.

Creo que, en el caso en que uno pueda compartir con

un hijo la pérdida de un ser querido, le estás intuitiva e indirectamente hablando sobre lo difícil que es la vida. Vas a tener momentos que no son agradables. Pero la vida continúa. Y poder hablar de la persona que murió, poder rematar inclusive ciertas situaciones que la familia tiene para cerrar ese capítulo, enseñan al muchacho a darse cuenta de que hay forma de poder superar esto. Mamá y papá lo superaron, pues yo también lo puedo superar.

Pero para poder hacer eso, mamá y papá tienen que revisar cuáles son sus creencias, cómo ven la muerte, y cuáles son sus creencias religiosas, las cuales son muy importantes. A lo mejor tienen que analizar, y no esperar a que llegue el momento inesperadamente. Que analicen "¿Qué tú harías si esto sucediera?".

También es importante reconocer que hoy en día en este mundo tenemos a los viejos en un lugar aparte, y que los niños no tienen ese contacto directo con sus abuelos. Hay que prepararlos para la posibilidad de su partida. Ellos deben ver el proceso en que abuelita y abuelito van envejeciendo, y se les enseña que en ese proceso de envejecimiento, quizás perderán un poco su memoria, etc., y el final de ese proceso es la muerte. Nuestros hijos necesitan saber que si hay algo seguro en esta vida, es la muerte, y todos tenemos que morir algún día.

HABLANDO DEL SEXO

Hay temas que a muchos padres les cuesta trabajo hablar. Esos temas pueden ser las drogas o el sexo. Pero no podemos quedarnos callados, pues otros lo harán y les darán posiblemente información errónea.

Yo creo que, sobre todo en una familia donde el niño mayor ve que a su mamá le está creciendo el vientre, o cuando la señora ya sepa que está encinta de su próximo bebé, es el momento clave para incluir al niño en el proceso. "Mira, aquí está tu hermanito(a) que está creciendo. Viene un bebé".

Por lo general, el niño que tiene una buena comunicación con su mamá le preguntará mas adelante. Entonces le vas a ir contestando sus preguntas. Por supuesto que no le vas a hacer una disertación completa de lo que es el sistema reproductivo. No le vas a dar toda la explicación. Le vas a decir algo simple como "Ahí viene un hermanito."

La segunda pregunta por lo general es "¿Cómo fue que llegó ahí?". En la mayoría de las librerías, tienen libros para niños que detallan los nombres correctos de las partes del cuerpo, tanto del niño como de la niña, con nombres comunes y no científicos. Tú le dices "Mamá tiene el útero. Esto se llama pene. Esto se llama vagina. Esto es la vulva". Y se le va explicando poco a poco.

Estoy hablando de un niño de dos o tres años. Mi hijo a los dos me preguntaba. Y yo le dije "Tu hermanita viene", y le expliqué un poco. Pero él era súperadelantado, y me preguntaba "Mamá, ¿cómo fue que el huevito llegó allá arriba?".

Entonces yo le decía, "Bueno, tu papá y tu mamá se aman mucho. Y él, por medio de su pene, lo puso ahí".

Cuando llega ese momento, ya tienes que enseñarle visualmente por medio de libros a lo que te refieres, usando las ilustraciones que están hechas especialmente para niños. Y a la vez que le expliques, ya ellos no te vuelven a preguntar más. Lo miran como una cosa natural.

Pero ésa es la oportunidad. Más adelante si te preguntan "¿Y eso lo puede hacer cualquier niño o niña?", se le dice "No, eso se debe esperar a que haya mucho amor, y que las personas sean grandes para que puedan ser responsables del bebé que viene". Porque ahí es donde podemos darle una enseñanza moral.

También vamos a descartar una duda sobre lo que es hablar del sexo: ¿Es mejor que la madre hable con las hijas y el padre con los hijos?

Para eso tenemos que ver cuál es la comunicación que existe y en cuál etapa están. Por lo general, el varoncito tiene una buena comunicación con el padre a los cinco años; ya han empezado a identificarse plenamente con su papá, posiblemente antes. Yo estoy segura que a esa edad, tanto mamá como papá le pueden explicar si el niño pregunta. Porque tiene la misma comunicación con su madre que con su padre. Lo mismo sucede con una niña de tres años. Porque mamá y papá la cambian, le quitan el pañal, siempre lo han hecho, y ella no distingue al respecto entre su mamá o su papá.

Cuando Los Niños Presencian El Acto Sexual

Los niños que hacen demasiadas preguntas, es porque posiblemente están durmiendo en la cama con papá y mamá, y han observado algo. Porque los padres piensan que no, pero sí. Incluso pueden sentirse asustados, tener miedo. Pueden pensar que papá le está haciendo daño a mamá, etc.

Lo mismo puede suceder con los niños que se levantaron y abrieron la puerta. Lo que tiene que hacer en este caso es —y me imagino que la intención de terminar el acto ya no sirve— termina, limpia, y ve a hablarle a tu hijo.

Es importante que la mamá o el papá vaya donde está el niño y hable con él. El que se sienta más cómodo con eso. Pero no se debe dejar al niño solito sin una explicación. Es necesario que sepa que eso es un acto de amor entre mamá y papá.

Le dices "Mi amor, ¿qué pasó?".

A lo mejor el niño, si tiene dos o tres años, se queda callado, mirándote. Le preguntas "¿Tú tienes alguna pregunta que hacerme?".

Entonces el niño, si tienen buena comunicación, le preguntará. "¿Qué pasaba? ¿Por qué papá estaba arriba de ti? O ¿Por qué mamá estaba arriba de ti?".

Y le puedes explicar; "Porque mamá y papá se estaban demostrando lo mucho que se quieren. Porque mamá y papá están casados".

Y de ahí en adelante, por favor cierra con llave o pon la aldabilla o pestillo. No tanto por los niños, sino por ti mismo.

Bañarse Con Los Niños

Yo creo que en el mundo en que estamos viviendo, no les puedo decir que esto no es malo. No. Porque yo no te conozco a ti. Yo no sé cuáles son tus costumbres, ni cuáles son tus debilidades. Y cada ser humano es un mundo. Por mucho que hemos en el primer capítulo desarrollado quién tú eres, y todo lo demás, si tú has sido víctima del abuso sexual y no te sientes bien con la idea, yo no te recomiendo que te bañes con tu hijo.

Pero en los primeros años, si a ti no te importa, en el primer año o dos, si por alguna razón te vas a bañar junto con él, lo debes hacer con una naturalidad muy grande, o si te estás cambiando y el niño entra, pues nada, te vio desnuda. Que puedan ver el cuerpo como algo muy natural.

El bañar a los hermanitos juntos, yo no veo nada malo en eso. Incluso, las costumbres españolas son así. En España todos los niños se bañan juntos. Y tú los ves desnuditos y no ves en sus ojos ni vergüenza ni malicia. Lo ven como una cosa natural.

Pero, efectivamente, mamá, papá, tío, abuelo están todos ahí con ellos. Están dictando el comportamiento que hay que tener.

El cuerpo humano no es una cosa fea. Lo puede ser de vez en cuando, pero no tienes que sentir vergüenza de tu cuerpo. Aunque yo quisiera que algunas viejas y viejos allí en Europa sí tuvieran vergüenza. ¡Por favor!

Pero yo creo que todo está en cómo eres. ¿Cómo es tu pareja? ¿Quién es tu marido? ¿Es un hombre respetable, moral? Porque ahí está la importancia de conocerse para poder decir "Bueno, no importa que mi esposo se bañe con los niños. No importa que tú te bañes con los niños".

Es necesario que la persona no se sienta traumatizada por eso. Hay especialistas sobre el abuso sexual que dicen que una madre que se bañe con cualquier hijo está cometiendo abuso sexual. Eso es una exageración en mi opinión. Yo creo que debemos trazar algunas pautas respecto a esto. Si tú no te sientes excitada, y no te sientes mal con eso, hazlo. Si te sientes mal, no lo hagas. Porque el niño es el que va a percibir inmediatamente lo que tú sientes.

Por eso es la importancia de darnos cuenta de que nuestros hijos aprenden más por nuestro lenguaje corporal que verbal. Entonces tenemos que darnos cuenta de cómo es que nos sentimos nosotros. Y yo creo que después que el niño ya tiene sus cinco años, no es necesario que se esté bañando contigo, porque el mismo va a empezar a querer su privacidad a los cinco o seis años.

Ahora si son dos varoncitos, figúrate, eso no importa. Todo depende de la base de crianza del papá y la mamá.

Y de ahí tú puedes sentar la base de tu estructura: ¿Cuáles son tus ideas morales? ¿Cómo fuiste criado? ¿Cuáles son tus valores? Pero, definitivamente, no des gritos si el niño entra al baño y te ve desnuda.

Yo me acuerdo una vez, creo que Carl tendría como siete años, yo me estaba bañando. La bañadera mía era de puerta de cristal. Pero de ahí para adentro se veía todo. Y en esa época, tener un bidet en Miami, no existía.

Entonces yo me doy cuenta de que hay una gritería

en el baño. Y cuando voy a mirar hacia afuera, ahí mismo donde yo me estaba bañando, está el vecindario completo de niños y Carl les estaba enseñado cómo funcionaba el bidet, pero lo que estaban haciendo los otros dos manganzones era mirando a la madre desnuda.

A mi hijo ni siquiera le pasó por la mente mirarme. Ni que me estaban viendo desnuda. Porque yo nunca le enseñé que el cuerpo humano era malo. Ahí sí la que dio gritos fui yo. "¿Que tú has hecho? ¡Saca a esos muchachos de aquí que me van a acusar!".

Yo nunca me olvidaré de eso.

Comportamiento Sexual Inapropiado

Estoy recibiendo un gran número de llamadas sobre niños de dos y tres anos que se masturban. Se tocan el pene, o en el caso de la niña, si se está tocando sus partes. Pero al punto de ser una obsesión.

Me llamó una señora que, la pobre, la que está mal es ella también, porque ella fue abusada de niña. Entonces me dice que encontró a su niña masturbándose. Tiene dos años y medio. Yo le dije "¿Qué tú hiciste?".

"Yo le dije que eso no se hace", me dijo, "y le pregunté si alguien la había tocado".

"Tú ¿le preguntas esto con frecuencia?", le pregunté, porque me dio la impresión de eso.

"Yo, no solamente le pregunto", me dijo, "sino que la reviso constantemente".

Con la exageración que ella trata eso, ¿qué le está

dando a entender a la niña? Inclusive con tanto registro puede que la esté traumatizando con ese comportamiento. Parece ser que ella primero acusó a un novio que ella tenía, y entonces ella llamó a la policía y todo. Y yo le dije "¿Por qué no la llevaste primero al pediatra para ver si esto era cierto?".

Ella me dijo que después que la trabajadora social de la policía vino, entonces la llevó a la pediatra, y la pediatra le dijo "Bueno, puede ser cierto o no". Y entonces la niña cambió el cuento, y dijo que un niño en la guardería le había puesto un palito.

Yo sé que efectivamente hay niños que nacen con ciertos problemas respecto a eso. Que aprenden a masturbarse, incluso en la cuna. Pero eso ya es un problema más serio.

Pero esto se trata de una mujer que le está llamando la atención a su niña, siempre la está tocando, registrando. La puede inclusive estar estimulando.

Pero también, la mayoría de los niños van a pasar por una etapa donde se van a examinar, porque tienen la curiosidad.

No hay duda de eso. Es como tú respondas a esa acción de parte de la criatura, que va a determinar lo que ese niño o niña va a continuar haciendo. En mi mente me cupo la idea de que esa madre me estaba llamando porque se sentía terriblemente culpable.

Yo he hallado, en la mayoría de los casos de niños que hacen eso, que, o están sobreestimulados, y esa es la forma que han hallado para reducir el estímulo, o son niños que están muy aburridos —que se quedan solo mucho tiempo— y han aprendido a tocarse para darse un estímulo de amor.

También puede ser que están buscando atención de forma negativa, como en el caso de otra madre que me llamó, ya jalándose los pelos, que no sabía lo que iba a hacer con su hijo de dos años.

"Mira", dijo ella, "va a cumplir ya tres años, y se anda agarrando el pene dondequiera que va. Si salimos a algún lado, ahí agarrándose".

"¿Y tú qué le dices?", pregunté yo.

"Le digo que no se toque, y por lo menos en la calle porque me da vergüenza. Se lo deja. Y en cuanto me descuido otra vez se lo agarra. Por doquiera. También aquí en la casa, que estamos él y yo solos, también a cada rato se anda agarrando, y le ando diciendo que no está bien, y en la calle igual. En cualquier lado así".

Y entonces supe la respuesta.

"Él está tratando de buscar tu atención de una forma negativa", le dije. "Entonces yo creo que tienes que empezar a prestarle atención a él de una forma positiva. Cuando él esté haciendo algo muy bueno, tú le dices, 'Ay, qué lindo te quedó eso, cómo me gusta'. Y lo haces tan detalladamente en las próximas dos semanas, que él se va a dar cuenta de que va a obtener más premio al portarse bien, que al dejar de hacer algo que está feo".

"Por lo visto", continué, "el tocarse el pene le da más felicidad que estar andando contigo. Entonces tú vas a tener que ver si podemos cambiar eso. Yo sé que suena muy fuerte lo que te estoy diciendo. Pero los niños a veces se comportan mal cuando no les prestan atención si se comportan bien".

Identificando El Posible Abuso Sexual

Si ves a tu hija tocándose, el padre le debe decir "Mi amor, eso no es correcto que te estés tocando en público. Eso se hace en el baño, y eso no se hace en público".

Punto.

Entonces, de allí en adelante si ves que tu hija está mirando la televisión o está en una esquinita haciendo eso, tratas de distraerla. Si estaba solita, llévala contigo. "Vamos a pintar". "Vamos a hacer...".

Por supuesto, esto es después que tú hayas preguntado y sepas quién te cuida a tu hija. Porque esto sí puede ser el resultado de un abuso sexual.

Una madre me llamó, desesperada, porque su niño de cinco años se estimulaba.

"Yo nunca me fijaba de eso", dijo ella, "a pesar de lo que lo cuidaba. Pero por un tiempo yo lo dejé con mi mamá en El Salvador, y mi hermana me llamó asustada que un día que ella estaba a la carrera vistiéndose, porque iba para la universidad, se vistió delante de él, y el se quitó el pamper y tenía su pipi despierto. Sólo por mi hermana desvestirse".

"¿Qué edad tenía él?", pregunté.

"Iba a cumplir tres años," dijo ella. "Yo no le puse mucha importancia ... pero resulta que ahora él va a cumplir cinco años, y la señora que me lo está cuidando me ha dicho que a veces quiere besarla y quiere que la señora se deje abrazar".

El comportamiento de este niño está claramente más allá de la curiosidad normal de un niño. Y tuve que decirlo.

"Es natural que el niño quiera que le den un beso", le dije. "Que se le pare su penesito, también eso es muy natural. Ellos sienten placer. Pero lo que él está haciendo con eso, y por la forma en que él se está comportando, eso me suena a que alguien quería tapar el hecho de haberle hecho algo al niño. Perdóname. Me atrevo a tirar la piedra.

"Así que, cuando tu niño se excita, tú le dices, 'Mira mi amor, eso es privado. Lo puedes hacer en el bañó. O en otras palabras, tú le tienes que enseñar a tu hijo cuál es el comportamiento correcto porque eso es obvio que alguien le está enseñando lo que no es correcto para un niño. Ni para un adulto, ni para un adolescente. Porque un niño, o un hombre, porque ve a una mujer desnuda, no se saca del calzoncillo el pene, no. Eso no es correcto. O sea, lo que le tienes que enseñar tú a él son las habilidades sociales, para que no lo haga. Porque repito, a este niño, alguien le enseñó que eso es simpático".

Por lo general, en los casos de abuso sexual, existen otros patrones de conducta a observar: la niña se despierta con miedo; tiene pesadillas; tiene temor de quedarse en la escuela; etc. O sea que no es sólo un detalle el que determina lo que está sucediendo. Tenemos que observar desde distintos puntos qué es lo que está pasando.

Sobre todo en el varoncito es muy común que se esté tocando el pene mientras mira la televisión. Eso es bastante común. Pero le puedes decir, "Mi amor, eso es una mala educación. Eso no se hace en público. Y en público incluye estar en la sala de la casa tocándose".

Entonces le explicas lo que es público y lo que es privado. A la vez que encuentran ese estímulo, es muy difícil que se les olvide.

Si ha llegado el momento en que el niño está molestando a otros niños, inclusive si no lo has observado tú, pero te lo han dicho, entonces ya es hora que uno se siente con el niño y le diga "¿Qué es lo que está pasando? Tú sabes que tu cuerpo es tu cuerpo, y el cuerpo de los demás es de ellos".

Eso denota que hay una enseñanza sobre la protección de sus partes íntimas. Porque parte de lo que hay que enseñarles es: "No dejes que te toquen. Pero tú tampoco puedes tocar". Eso es tenerle respeto a la otra persona, y eso es importante.

CAPÍTULO NUEVE

ADOLESCENTES: "NADIE ME ENTIENDE"

Dios es tan sabio. Él hace las cosas de manera escalonada: los niños te dan los problemas de los tres años, después los de los cuatro años, y así en adelante. Es como entrenarse para las Olimpiadas. Cada día corres un poco más lejos, el reto es un poco más grande. Cuando llegan a la adolescencia, aunque vengan los problemas, ya estás más preparada.

Lo cual no significa que sea fácil. En la adolescencia, las hormonas suben y bajan como la marea. Imagínese una mujer que tenga el problema de PMS, o síndrome premenstrual, y aumenta esto al décimo exponente; así es el adolescente. Eso es, sin haber problemas en la familia.

¿Cómo lidiamos con eso? Con paciencia. Pero más allá de mucha paciencia, es importantísimo que en cuanto a las normas se refiere, el papá y la mamá estén sincronizados. De que mamá y papá se preparen antes de la situación: "Oye, ya fulanito está en la preadolescencia. Estoy notando ciertos cambios".

Desgraciadamente, algo que nos sucede a muchos es que, debido a que somos inmigrantes, a veces hemos estado separados de nuestros hijos durante su crecimiento. Muchas veces dejan a los hijos con los abuelos para venir para acá. Y muchas veces me llaman y dicen "Estoy teniendo problemas con el de dieciséis".

Y yo les pregunto: "¿Lo has tenido siempre contigo? ¿No? ¿Lo dejaste a los cuatro años? Entonces, ese niño no sabe comportarse como tu hijo. Tiene que aprender".

Ese niño será tuyo por nacimiento biológico, pero si lo dejaste, tú no lo conoces. Él no te conoce a ti. Además, no puedes saber cómo lidiar con él, porque durante todos esos años no tuviste el entrenamiento o práctica.

Yo creo que es muy importante conocer a nuestros hijos. No es lo mismo un muchacho que parece ser balanceado, que tiene buenas notas en la escuela, que te trata con respeto, pero escucha la música rap, al caso de un muchacho que está desaprobando la materia escolar, que se está vistiendo sólo de negro, que jamás te dirige una palabra, que cuando te habla te dice una mala palabra, que se encierra en su cuarto, que tiene todas las persianas cerradas, y que no tiene amistades. Entonces sí, la música comienza a ser un tema.

NEGOCIANDO VICTORIAS PARA TODOS

Yo creo que es muy importante darnos cuenta de que tenemos que escoger nuestras peleas: cuáles son las batallas que realmente vamos a pelear. Y cuáles son las que mejor no.

Me llamó una señora y me dijo "¿Qué hago, doctora? Tengo a mi hija de doce años que quiere afeitarse las piernas, y debajo de los brazos. Quiere empezar a salir y quiere pintarse el pelo".

Yo le dije "Mira, lo de afeitarse las piernas, que lo haga con cuidado, enséñala cómo hacerlo; eso no es ningún problema. Sobre todo si es muy peluda. Que comprenda que le va a salir mas, pero eso es el riesgo que ella va a tomar, y esa es la consecuencia a su acción. Pero como quiera que sea, lo único que va a pasar ahí es que en vez de afeitarse a los dieciséis, va a empezar a los doce. Los brazos no, porque entonces explíquele que se le van a poner peor. El que se pinte el pelo, si es unos rayitos, dos o tres "highlights", está bien. El de salir a los doce, no, ni te lo pienses. Ni te lo pienses".

Con los adolescentes, es cuestión de negociar. Tienes que saber cuándo frenar, y cuándo soltar un poco para poder ganar mucho. Eso fue lo que le tuve que decir a Patricia, una madre en Miami que me llamó un día.

"Mire," comenzó ella, "yo tengo una hija de dieciséis años, y está saliendo, bueno, salió con un muchacho de veintiún años. Nosotros al principio la dejamos porque pensábamos que era algo pasajero. Cuando vimos que no, decidimos prohibírselo."

"¿Qué tiempo estuvo saliendo con él?", pregunté yo.

"Como dos meses, dos meses y medio, que ella estaba saliendo con él, que nosotros no sabíamos. Él nunca ha venido a nuestra casa. Llegaba hasta la calle de al lado. No venía directamente".

"¿Tu hija no es tú responsabilidad?", pregunté. "Tu hija es menor de edad. Yo no confiara en ningún hombre de veintiún años que se lleve a mi hija de dieciséis años por ahí".

"El problema es que lo prohibimos," dijo Patricia. "Pero a escondidos se siguieron viendo hasta que los descubrimos. Y entonces las cosas se pusieron más feas. Le hemos dicho que iremos a la policía, que lo haríamos. Y entonces ella nos amenaza, que si hacemos eso, nos deja de hablar de por vida".

"Yo veo que tu hija está muy equivocada", le dije. "Dile, 'Tú puedes dejarnos de hablar, pero hasta que tú no tengas la mayoría de edad, yo te amo y yo te quiero'. Le dices, 'No, nosotros te amamos. Es nuestra responsabilidad protegerte. Si tú estás saliendo a solas con ese muchacho de veintiún años, yo creo que es la responsabilidad de nosotros que te venga a visitar aquí en tu casa. Porque un muchacho de veintiún años no tiene la misma mentalidad'. ¿Él no ha venido a conocerlo a ustedes?".

"Hablamos con él, y le dijimos que no es que tengamos nada personal en contra de él. Lo que tenemos en contra de él es que ella tiene dieciséis años y él tiene veintiuno, y esa relación no puede seguir.

"Él dice que ella es muy madura, que ellos se gustan, que ellos se quieren".

"Entonces, Patricia", dije yo. "Lo que yo haría, es esto, porque no puedes perder a tu hija: tú tienes que recibirlo en tu casa. Dile que ustedes aceptan las visitas en la casa. Y ustedes, por ejemplo, si tienen que ir con ellos a los cines, lo hacen. Ésa es la única forma en que en estos momentos ustedes lo van a aceptar. Si la tienen que regañar a ella por haberse ido a la escondida, eso sí lo hacen. Pero solamente porque él sea de veintiún anos, y ella de dieciséis, lo que tenemos que tener son unos salvaguardas para que no pase nada".

Esta madre tenía que darse cuenta de que si libramos batallas de todo o nada, podemos terminar con nada en las manos. Patricia se estaba arriesgando a perder a su hija para siempre. Esto quizás le diera a entender a su hija que la única forma de poder estar con su novio sería irse de la casa con él. Luego, aunque resultara ser un error del cual se lamentara, su hija pudiera pensar que jamás podría volver a su casa.

Al ceder, Patricia estaba demarcando ciertos límites para proteger a su hija, mantener a su familia unida, y a la vez ganar tiempo, para ver qué resulta de esta relación con este novio. Quizás es su amor verdadero y seguirán juntos de por vida. Quizás, como sucede muy a menudo con las niñas de 16 años, ella se desencanta y lo deja. O, quizás él la deje a ella. Suceda lo que suceda, hemos evitado el daño permanente a la familia.

CONOCIENDO A NUESTROS HIJOS, Y A NOSOTROS MISMOS

Durante esta etapa, es muy común y natural que los hijos ataquen ferozmente a los que los rodean, especialmente a sus padres. Esto es tanto el resultado de los cambios de ánimo debido a los cambios hormonales, como de la necesidad de retar la autoridad adulta, según cruzan este puente entre la niñez y ser adultos. Los adolescentes están luchando por encontrar su identidad, por determinar "quién soy yo?". Aunque les sea difícil enfocar esa pregunta claramente, de todas formas van a contestarte "¿Quién diablos eres tú para decirme a mí lo que debo hacer?".

Pero, si nunca tuviste una relación estrecha con tu hijo, no puedes esperar que esto mejore al llegar la adolescencia. Todo lo contrario. Ésa es la lección que tuve que compartir con Daisy, cuando me llamó al programa.

"Sí", comenzó. "Tengo una niña de trece años que está, como que le habla a uno, responde mal. Ella se va para la escuela, no me dice ni adiós. Regresa de la escuela, llego yo de trabajar, y ni siquiera me dice 'Mami, ¿cómo estás?' ".

"¿Ella alguna vez ha sido cariñosa contigo?" le pregunté. "¿Se ha comportado bien contigo? Estoy preguntando si, ¿cuando ella era pequeña, cuando tenía ocho años por ejemplo, ella llegaba de la escuela y decía 'Hola, mamá', y te daba un beso?".

"No", dijo ella, "nunca lo ha hecho".

"Entonces", yo le dije, "que no te extrañe que a los trece, que es cuando más hacen esto, que se aíslan, que se meten en su cuarto, esto es lo que está ocurriendo. Daisy, uno no puede esperar a los trece años a tener comunicación con los hijos si..."

"Tengo una niña que tiene cuatro años", interrumpió. "Y es todo lo contrario de ella".

"Si", le dije. "Tiene su temperamento. Pero la niña de cuatro años te cogió a ti un poco más madura. Tú quizás le prestaste más atención. No eras tan jovencita. Y esta niña está, más de todo, celosa".

En esto hay otra lección, una que es muy común. Siempre tenemos que recordar cómo éramos con nuestros hijos, y cómo los tratábamos. No estoy diciendo con esto de que abusabas de tu hijo. Pero a menudo, según envejecemos, nos suavizamos. Estamos más seguros de nosotros mismos. Estamos más económicamente seguros. Somos un poco más sabios, aunque sea porque aprendimos algo de nuestros hijos mayores. Aprende de ellos. Da las gracias. Pide disculpas por no haber sido mejor padre cuando ellos estaban creciendo. Tarde o temprano, se sentirán contentos con tu actitud. Y éste es el primer paso hacia reparar el daño en tus relaciones con ellos, y unir el lazo de amor entre ustedes.

También, hay que estar tres pasos adelante.

Yo me acuerdo de mi hijo Carl, yo creo que yo aprendí mucho con ese Carl. El padre caía en la red. Era tramposo, como para quererlo matar. Pero yo llegaba a la casa y veía a Carl hablando con su padre, y yo le decía "A lo que te esté diciendo, di no".

Y Carl replicaba. "Tú no sabes lo que estamos hablando", decía él.

"Veo desde aquí", yo le decía. "Estás hablando de un carro convertible. Tú tienes quince años, y por encima de mi cadáver tú vas a tener un carro".

Ya yo lo sabía. Porque tú tienes vista de cuándo esto está sucediendo. Ya le estaba diciendo al padre, como sabía que a él les gustaba los carros, que esto iba a ser una buena inversión.

Era para lavarnos el cerebro a nosotros. Entonces es que hay que verlo venir. Y aunque yo lo adivinaba y le decía al padre "Esto va a ocurrir; ten cuidado", no me escuchaba, y ocurrió. Y desgraciadamente no hay placer ninguno en eso.

EL PELIGRO DE TENER DEMASIADO

Como les he dicho anteriormente, debemos evitar darle a nuestros hijos todo lo que piden. Si lo hacemos, en su adolescencia esto los puede conducir a la adicción porque no se les llena el vaso. Jamás. Es que necesitan más y más y más porque como mamá les dio tanto, y papá les dio tanto, que cuando los gustos son mayores, no es suficiente ir un día al cine, no. "Yo quiero ir a París". En vez de "Vamos a montar bicicleta al parque", es "Yo quiero una motocicleta". Es que empiezan a buscar el aflujo de la adrenalina, más y más y más. Ahí viene el peligro.

Si el adolescente ya ha llegado a ese punto, y ahora el padre quiere cambiarlo, hay que empezar por el primer paso, y decirle "Mira, hijo mío. Tenemos un problema, y el problema posiblemente lo creé yo. La vida no te va a dar todo lo que tú quieras. Yo te lo quise dar. Pero me he dado cuenta de que te quité tu propia iniciativa, el placer en las cosas más sencillas de la vida:

el poder disfrutar la compañía de papá en el parque sin un juguete, sin una bicicleta o motocicleta; el poder pasarte un día leyendo un libro, comiendo y tranquilo, y no siempre en un estado de excitación. Lo que esto ha logrado es hacerte ver la vida, o tener una idea de ella, que es totalmente falsa, una fantasía que no es real. Por eso estás sintiendo que siempre necesitas algo más".

Además del primer paso de reconocer que hay un problema creado por el adulto, hay que decir "Yo soy responsable. Tenemos que cambiarlo. Tenemos que buscar ayuda".

Quizás lo más importante es reconocer que tienes un problema, y que la situación está fuera de control debido a ese problema. En este caso, el problema se trata de dar más de lo necesario. El estar buscando siempre la excitación. Los placeres que son fuertes. Las emociones fuertes. En vez de poder compartir con personas las emociones tranquilas. A ese tipo de muchacho hay que enseñarle lo que es la introspección. Y esto no es fácil.

Yo siempre he dicho que: la humildad es el primer paso. Cuando yo he cometido un error, les he dicho a mis hijos: "Oye, perdóname, lo siento mucho". "Lo siento, fue un error, perdóname". Siempre lo hago. Y ellos me lo agradecen. Yo no exagero tampoco. Les digo que lo siento. Si me quieren perdonar bien y si no también. En ese momento, o dos días después. No importa. Sólo quiero que sepan que soy lo suficientemente humilde.

TU ADOLESCENTE Y EL SEXO

No todos los niños van a experimentar con cosas que no les gustan a los padres. Hay niños que son más cuidadosos, no les gusta tomar riesgos. Mientras más se les observa en el hogar, menos lo van a hacer.

Pero, acuérdate que hay niños que si les dices "Eso es malo", eso les llama más la atención hacerlo, y como quieren estar en rebeldía con sus padres, esa acción va a hacer su acto de rebeldía.

A esta edad, por supuesto, también nuestros cuerpos están comenzando a cambiar. Nuestra sexualidad se despierta. Esas mismas hormonas que afectan nuestros estados de ánimo tan dramáticamente sacan a flote que tenemos que aprender a controlar, aun mientras estamos luchando por comprenderlas. Para muchos, las preguntas sobre lo que están sintiendo les pueden conducir a la experimentación, lo cual a la vez les puede llevar a tener que lamentar.

Nuestra cultura ha puesto el énfasis y depositado la responsabilidad del comportamiento sexual sobre la mujer. Pero, especialmente en este mundo de hoy, donde existe el SIDA y otras enfermedades sexualmente transmitidas, tanto los varones como las hembras necesitan ser educados sobre la responsabilidad sexual.

Esta necesidad era reconocida en tiempos tan antiguos como la civilización Azteca, cuando un padre enseñó a su hijo a abstenerse del sexo al comparar a su niño a una planta maguey. Al abrirse antes de crecer y extraerle el líquido ya no tiene sustancia. No produce líquido. Es inútil. Antes de que se abra para extraerle el agua, debe permitirse que crezca y alcance su tamaño completo. Luego se le extrae toda su agua dulce en buen momento.

Pero no siempre es así. Tomen el ejemplo de Marta, una madre que me llamó, angustiada debido a las relaciones sexuales de su hijo adolescente.

"Ay, doctora", comenzó. "Me encuentro bien angustiada y deprimida. No sé qué hacer. Sí, es que me tiene bien preocupada un muchacho de dieciséis años que tengo, verdad. He tenido muchos problemas con él últimamente. Pues era un buen muchacho, pero unos dos años atrás cambió. Ahora es muy violento. Muy. Todo le molesta".

Todos ustedes según leen esto, estoy segura que se darán cuenta de cuán típica es su situación. Los cambios comenzaron casi exactamente al comienzo de la adolescencia de su hijo. Y de muchas formas, éste es un caso clásico de lo cualquiera de nosotros pudiera esperar que nos suceda.

"Yo sé que está pasando por una etapa bien difícil, ¿verdad?", continuó su relato. "Pero doctora, mire. Le iba bien en la escuela, ahora se ha desatendido de la escuela. Y resulta que ayer, doctora, fíjese, lo encontró mi vecina en su casa teniendo relaciones con una muchacha".

Dije yo, "Posiblemente sabía que la señora estaba fuera trabajando".

"Sí", explicó ella. "Él sabe porque el hijo de esta señora, mi vecina, es amigo de él. Y entonces el muchachito este se fue a trabajar, y lo dejó ahí, fíjese".

"Bueno", le tuve que decir, "un muchacho cuando hace eso, hay que darle consecuencia de lo que él hizo. Número uno, las notas que están bajando, y todo lo demás, que está muy violento, porque encontró lo que es el sexo.

"Muchas veces a estos muchachos les da por no poder parar. Que tienen que estar haciendo el sexo mañana, tarde y noche. Entonces encuentran la manera de hacerlo".

Todo esto se lo expliqué a esta pobre madre durante mi programa radial. Pero les repito aquí, porque ésta es una situación que tantos tenemos, o tendremos que enfrentar. Lo importante es que el muchacho sufra las consecuencias de sus actos, para que se recuerde que todos hacemos elecciones, pero cada elección trae sus consecuencias.

Continué: "Yo creo que aquí ustedes tienen que llamar a la madre de esa criatura, la muchacha, y decirle lo que está ocurriendo. Porque de esa forma, tu hijo se va a dar cuenta de que, de aquí en adelante, la consecuencia de un acto inmaduro es llamar a los padres de la muchacha y decirles donde la encontraron, porque a ella nadie la obligó a hacer eso. Ella estaba ahí por su propio gusto.

"Y entonces el sábado y el domingo, el niño no sale. No sale este fin de semana. Tiene que trabajar ayudando en la casa. Tienes que ponerle una consecuencia.

"Además, decirle que tiene que protegerse. Que si él

va a hacer el sexo —y no es eso lo que tú le estás pidiendo que haga—, tiene que hacer un esfuerzo de llevar un condón por lo menos".

Ésta es la realidad. Nuestros hijos necesitan saber que el sexo no es un juguete. Sí, es algo placentero para que dos personas enamoradas disfruten juntos, pero no algo para que dos muchachos que son prácticamente extraños jueguen. Tanto como no se llevarían el carro de un ajeno porque simplemente las llaves estaban en él. Especialmente en estos tiempos, cuando las consecuencias pueden ser mortales.

Tenemos que aceptar, por supuesto, que algunos de nuestros hijos descubrirán el sexo tempranamente. Y que algunos, no importa lo mucho que les aconsejemos, continuarán teniendo relaciones sexuales. Pero, debido a las consecuencias físicas posibles, tenemos que al menos convencerlos de tener relaciones sexuales prudentes, en el sentido de que siempre deben usar un condón, aunque ésta no sea una relación sexual responsable. De esta manera, al menos podemos intentar prevenir los posibles efectos secundarios físicos. Podemos lidiar con el daño emocional y psicológico más adelante cuando nos pidan ayuda.

RESCATANDO A NUESTROS HIJOS DE LAS PANDILLAS

Las pandillas están en este mundo desde los años 1700, y todavía los tiene. Es la necesidad de la adolescencia de reunirse. Esto se llama hacer grupo con sus semejantes. Lo que ahora por medio de la Internet se está convirtiendo en tribu, lo cual es algo un poco más grave, más peligroso. Pero al mismo tiempo pueden romper con las tribus.

Lo que sucede es que ellos tienen que buscar su identidad. En una época, los Latin Kings eran muy importantes. Pero en Miami no había. Después, cuando empezaron a irse unos de California para allá, llegaban allá, y eran el rey. Podían empezar la pandilla.

También hay pandilleros que son el resultado de familias pandilleras. Estamos hablando que el abuelo fue pandillero, el padre fue pandillero, y por eso él también es pandillero. Porque es una cuestión de honor. Y eso es algo muy importante.

Muchas personas que buscan estar en pandilla lo hacen porque tienen mucha ira por dentro. Han vivido en una familia totalmente disfuncional. Cuando los investigas, por lo general, la familia está regida por su madre y el padre. Pero el padre es violento. No tiene algún trabajo fijo. Va de un trabajo al otro o vive por medio del robo.

En muchos casos, nuestra juventud ha perdido aquella esperanza de que la vida es buena. Entonces, yo me acuerdo que a muchos de estos muchachos les preguntaba: "¿Pero no te das cuenta de que tú puedes llegar a los veinte años? Tú puedes trabajar". O les preguntaba: ¿"Qué tú quieres hacer dentro cinco años? ¿Por qué no has terminado la escuela?".

Y sus respuestas demostraban la pérdida total de la esperanza. "Yo no sé si yo voy a estar vivo. ¿Para qué voy a planear?".

Muchos eran muchachos que siempre tuvieron armas en la casa. Y muchos padecieron jugando ruleta rusa. Hubieron varias muertes. O ya a los 22 tenían dos hijos o tres.

Existe este tipo de pandillero, pero también está la pandilla de los muchachos que son ricos. Son niños de clase media que lo hacen por el aquello de querer tener control sobre un grupo, para lograr lo que ellos quieren.

A veces es un estado de rebeldía en contra de los padres. Por lo general hay un tape en la casa donde los padres dicen que son una cosa pero son otra. He conocido muchos de ellos, cuyos padres parecen tener negocios legítimos y no lo son, y los niños lo saben.

También hay de esos que se unen a una pandilla por el aquello de poder sobrevivir. Y yo he descubierto eso en muchísimos, en barrios completos. Yo he tenido niños que me decían "Yo tengo miedo". Que inclusive inventan pandillas y se reúnen los "nerds" y tienen su propia pandilla. Había que inventar algo.

En esos casos, la madre tiene que hablarle al hijo y decirle "No vas a participar en eso. Si nos tenemos que mudar, nos mudamos".

Al punto que el niño va a decirle "No. No lo hagas, que me lo van a hacer peor".

Le dices "No te preocupes. Yo voy a buscar la forma en que tú seas protegido. Y que a ti no te hagan nada".

El problema es éste: si no es el barrio entero el que se protege, ellos vienen por la noche y le entran a tiro a la casa. Eso es realmente lo que pasa. La actitud que se puede tomar es que el muchacho les diga "Yo no puedo pertenecer a la pandilla de ustedes porque yo tengo que mantener a mi familia". Si es un muchacho de quince años, búscale un trabajo. Que se vaya a trabajar con el tío.

Hay situaciones hoy día en muchos barrios donde no vale la pena, y es mejor cerrar e irse todo el mundo. Bueno, obviamente eso no siempre es posible, porque tienes el problema del transporte, problema de dónde voy a trabajar, dónde voy a pagar la cantidad de dinero que pago aquí.

Pero si ese niño te viene a la casa con eso, y tiene 14 años, yo me busco quién lo lleve y lo traiga, pero solo no viene de la escuela, ni va en el autobús tampoco. Voy a hablar a la escuela y les digo "Mi hijo está en peligro. Esto es lo que está sucediendo. ¿Qué pueden hacer ustedes por él? Porque yo sé lo que yo puedo hacer. Pero yo necesito que ustedes me digan lo que se puede hacer".

RECOBRANDO NUESTROS VECINDARIOS

Creo que la única cosa que ha logrado resolver el problema en algunas ciudades en los Estados Unidos es el recobrar el control se su barrio. Que los adultos se reúnan y empiecen de tomar control de su barrio.

Por ejemplo, obligar a que se construya cerca de las escuelas un centro en el barrio donde los muchachos pueden hacer su tarea, donde hayan actividades después de la escuela, que puedan jugar baloncesto, por ejemplo, y que hayan mentores que los acompañen.

Que cada vez que vean alguien traficando drogas, lo reporten inmediatamente. Y para eso se nombra a un policía a cargo de ese barrio. O sea que necesitas un policía que se le pueda encargar la tarea de lidiar con la situación de las pandillas para ese barrio. A veces que son más de uno. Porque lo que ocurre es que en mucho de esos barrios, hasta los policías están metidos en las drogas. Tú tienes que escoger bien a quien se lo dices.

Pero la conciencia de una población completa, de una organización completa cuando se unen, da resultados. Es un proceso, no existe una sola respuesta.

En cambio, hay muchachos que se sienten atraídos por las pandillas, porque están buscando una familia. A veces es porque son hijos de padres divorciados que culpan a sus madres por haber botado a sus padres. Estamos hablando aquí de cuando la situación ya existe. Pero tienes que enfrentarla.

Le dices a tu hijo "Como madre yo te pido perdón a ti. Pero es que yo no supe escoger, ni tampoco cómo parar la situación que teníamos. Tú vivías aquí cuando vivía tu padre. Tú sabías la forma en que se comportaba tu padre. Yo decidí dejarlo por el bienestar moral de ustedes y el mío.

"Entonces si a ti no te conviene que tenemos mucho menos con qué vivir, entonces vamos a ver si puedes buscar algo para ganarte la vida. Puedes cortar yerba, puedes hacer cuarenta y cinco mil cosas.

"Yo estoy cargando con la responsabilidad de esto. Pero si a ti te molesta que ganamos menos, que tenemos menos, entonces tú me puedes ayudar haciendo algo".

Por lo general, los muchachos responden a eso. Porque yo los he visto responder.

Pero al que no responde, hay que dejarlo. Que aprendan de las propias consecuencias. Además, hoy día existen los mecanismos para que puedas ir a la corte y decir "Mi hijo está involucrado en una situación. Está fuera de control".

Entonces decirle al hijo "Si tú no haces lo que yo te estoy diciendo, te voy a reportar. Y tú vas a tener que atenerte a las consecuencias".

Es muy duro para una madre decir eso, pero cuando ya tú sepas que se metió en una pandilla —y meterse en una pandilla no creas que es fácil—, entonces tienes que ser fuerte, si quieres poder salvar a tu hijo.

CAPÍTULO DIEZ

LIDIANDO CON EL DIVORCIO

Nuestros padres y generaciones anteriores nos decían que el matrimonio era para siempre, que la mujer es responsable del balance en el matrimonio, y que "con esa cruz hay que cargar" y "hacerse de la vista gorda". Era una de las muchas reglas para mantener el matrimonio. Si le añadimos a eso que "hay que hacerlo por los niños", tenemos la fórmula perfecta para la infidelidad y la epidemia de mujeres haciendo papel de "víctima" que se creó con eso.

En efectivo, el matrimonio *debe* ser un compromiso de por vida, por eso la importancia de conocernos bastante bien antes de comprometernos. "La vista gorda" es conveniente cuando después de reconocer que tenemos un problema en nuestro matrimonio —infidelidad, mal genio o lo que sea—, porque sirve para enfocarnos a los dos hacia lo que se puede hacer para perdonar, sanar y mejorar nuestro matrimonio.

"Y los niños...". Por supuesto, que el matrimonio es la base para un mejor desarrollo de nuestros hijos, siempre y cuando en el hogar haya respeto. Que aunque hayan diferencias de opinión, discusiones o problemas, se puedan discutir y resolver sin llegar a la grosería o la violencia.

A veces tenemos que dar por perdidas ciertas cosas, aunque esto signifique la comodidad financiera. A veces yo creo que en la sociedad en que vivimos, hay demasiadas personas de nuestra cultura que nos dicen que el matrimonio es para toda la vida. Y que esa cruz hay que cargarla, y que por los hijos continuemos.

A lo mejor esas palabras son buenas, pero si los dos no estamos trabajando hacia la mejoría de ese matrimonio, y uno está cargando la cruz solo, entonces se va a caer en el piso. Para los hijos, efectivamente es mejor tener una madre y un padre. Pero si esa madre y ese padre continuamente se están faltando el respeto, hay violencia domestica, hay alcoholismo, etc., es mejor que ellos no estén observando esto.

Todas las investigaciones sobre el impacto del divorcio en los jóvenes reflejan que su autoestima sufre al tener que pasar por la experiencia del divorcio de sus padres. Las niñas cuyos padres se divorcian tienen más posibilidades de caer en estado y ser madres solteras, y de casarse antes de los 20 para reemplazar la familia que no tienen. En los varones se notan índices de delincuencia, baja autoestima, uso de drogas o no terminar la escuela para irse a trabajar.

Las mismas estadísticas se pueden encontrar en jóvenes de familias en los que sus padres se mantienen unidos pero el hogar es una batalla constante, hogares donde la violencia doméstica, el alcoholismo y el comportamiento inmaduro de los padres logran que los hijos piensen que el matrimonio no funciona.

¿Será por eso que tantos jóvenes viven en parejas sin "el papel"?

¿Será por eso que muchos, si llegan a casarse, se casan pensando, "A la primera que me haga, se acabó"?

No es fácil ni el divorcio, ni la separación de la pareja para aquél que es "abandonado". Es necesario que antes de tomar una decisión se trate de encontrar a un profesional que les ayude a enfocar los temas importantes de la familia para encontrar, si no una solución, por lo menos una separación más pacífica.

TEMAS Y PROBLEMAS QUE CONTINÚAN

Yo creo que la decisión de un divorcio y una separación debe ocurrir después que los dos han llegado a la decisión de que es mejor separarse, que es mejor para ellos y para los hijos. Que se han tomado pasos para arreglar el matrimonio y no se ha llegado a nada. Identificar cuál es la razón por la cual no se ha llegado a nada: es quizás por orgullo, es porque "Yo no voy a cambiar"; es porque "Yo voy a tomar esta posición"; "Como te estoy diciendo, yo no voy a cambiar mi posición", o ciertas cosas.

Creo que llega el momento en que esa pareja dice "Bueno, esto no va a funcionar de ninguna forma". Entonces que se busquen a un profesional de la iglesia, o un psicólogo que se especializa en matrimonios, y vean cuáles son las diferencias principales y por qué no se ha podido llegar a una solución. Porque es muy probable que algunas de ellas van a continuar siendo problemas cuando se divorcien.

Por ejemplo, si han habido desacuerdos en cómo disciplinar a los hijos, de que "Yo pienso de esta forma", y "Tú piensas de esta forma", y "aunque nos divorciamos", y "Yo voy a ver a mis hijos". Si no se llega a un acuerdo de que esto es un problema y empiezan a compartir aquello, y a tratar ya con lo que vas a hacer si "yo pienso que mi hija a los dieciséis años puede salir con quien quiera", y el otro dice, "yo no pienso así".

Hay temas de un matrimonio que continúan aún cuando hay separación y divorcio, sobre todo en el caso cuando uno o los dos son manipuladores.

Por eso es la importancia de que un profesional, o una tercera persona, lo identifique para que cuando se llegue al momento de decir, "Bueno, esto no tiene arreglo, aquí realmente se necesita un divorcio", se llegue también a un acuerdo de cómo se van a llevar en un divorcio. Porque eso puede causar problemas muy serios. Esto puede hacer a los niños sentir que no solamente están divorciados o separados mamá y papá, sino que son ellos los peones que se están moviendo en el ajedrez.

Y muchos de ellos acaban por utilizar esa misma forma de lidiar con las situaciones en sus propias vidas, convirtiéndose ellos mismos en manipuladores. Entonces es como un círculo vicioso.

CÓMO DECIRLES A LOS NIÑOS

Hay que expresarles a sus hijos la importancia de comentar y compartir sus sentimientos, y cuando lo inevitable ocurre se deben sentar (los dos) con los hijos y decirles que se van a separar. Pues no se llevan como quisieran, y después de haber tratado han decidido separarse.

Y es sumamente importante que durante esta conversación les aclaren por absoluto ciertos puntos a sus hijos:

1) Decirles que esto no significa que no van a tener a papá y mamá, sólo que la forma y frecuencia que los ven cambiará

2) Recalcarles que no es por culpa de ellos que se divorcian, sino que es por diferencias de opinión, sentimientos, etc.

3) Demostrarles que ésta es la solución al problema que tenían que tomar, dándoles seguridad de que es lo correcto por medio de su actitud

4) Expresarles que esta decisión no es fácil —es dolorosa para todos, y que ellos pueden expresar lo que sienten y los escucharán

Cada uno de los padres en la pareja debe darse cuenta de la importancia de no culpar al otro, pues los hijos posiblemente están al tanto de la problemática.

En esa conversación, en la cual los dos deben estar presente, se debe hablar del respeto a cada uno y del no manipular para conseguir provecho de la situación.

Sería importante mantener la rutina diaria lo más posible y continuar las reuniones familiares donde los sentimientos se puedan airar.

No nos podemos olvidar que al igual que éste es un proceso muy difícil para los padres, lo es también para los hijos, no importa la edad.

Lo ideal sería que cuando el papá y la mamá llegan a ese punto, los dos se sienten con los hijos, y les digan "Mamá y papá están teniendo muchas diferencias y no podemos continuar juntos".

Decirles "Esto no es culpa de ustedes, esto es cuestión de que mamá y papá no se llevan bien"; que "Si hemos tenido problemas con ustedes es porque nosotros no nos llevamos bien".

No culparse el uno al otro; no hablar mal de la otra pareja cuando no está presente.

Esto significa madurez, y es muy difícil a veces hablar sobre eso, pero si uno de verdad ama a sus hijos, así procede, y este libro está hecho para los padres que aman a los hijos.

Es decirles a los hijos: "Vamos a hablar sobre los sentimientos. ¿Cómo se sienten acerca de esa noticia?

Nosotros no nos sentimos bien, pero tenemos unas diferencias tan grandes y tan violentas que no podemos continuar".

CON QUIÉN VIVIRÁN LOS NIÑOS

La decisión de con quién van a vivir los niños creo que debe ser tanto de la madre como del padre. Los niños nunca deben tomar la posición de decidir con quién se van. Creo que eso es abusivo, porque eso los hace sentir culpables. Tarde o temprano eso trae consecuencias nefastas.

Por lo general los hijos pasan la mayoría del tiempo en custodia con la madre, aunque si la madre es una mujer muy ocupada y ellos han llegado al acuerdo de que es mejor que se vayan con el padre, y la madre los puede tener los fines de semana, esto también es posible.

En otras palabras, cuando vayan a tener esa conversación con sus hijos, tienen que haber llegado a un acuerdo anterior.

Mientras más seguridad demuestren con su actitud en el momento de esa reunión, más tranquilidad van a tener los hijos pensando que las decisiones están correctas.

Va a haber tristeza y se van a sentir mal con todo esto, es verdad; pero es muy importante que nos demos cuenta de que ellos necesitan saber que esto es una decisión tomada por adultos, pensada, y llevada a una tercera persona que nos indicó. Y que ahora estamos compartiéndolo con ustedes para darles la seguridad de que aunque mamá y papá no van a ser más pareja, van a seguir siendo mamá y papá.

A los niños hay que explicarles lo que van a hacer. Papá va a vivir en casa de la tía, mamá va a vivir en tal lugar, y ustedes van a continuar yendo a la misma escuela.

MANTENIMIENTO, Y CAMBIO DE RUTINA

Es importante continuar la misma rutina, porque ya que el resto ha cambiado, que las cosas importantes en la vida de los niños no cambie, por ejemplo su escuela, su cama, etc. Por lo general cuando el matrimonio ha llegado al punto del divorcio, hay que revisar la rutina semanal y mantenerla, porque si no hay una rutina es una guerra en campaña entre la pareja.

Entonces, si ellos tienen clases de ballet, a lo mejor va a haber que tomar una decisión de decir "Vamos a tener que buscar alternativas para muchas de las actividades que ustedes tienen". Recordemos que quizás no se va a contar con las mismas posibilidades económicas, pero por lo pronto vamos a hacerlo hasta que lleguemos al divorcio final.

La conversación sobre este tema es importante para que los niños estén conscientes de ciertos cambios.

A lo mejor significa que el año que viene, en vez de ir a un colegio privado, van a tener que asistir a un colegio público. Entonces explicarles que eso no es malo, nosotros lo hicimos porque pensamos que era mejor para ustedes, y visitar la escuela con ellos, lo cual es importante.

HOGARES DIFERENTES, REGLAS DIFERENTES

Las reglas que hay en casa de mamá no necesariamente van a ser las reglas que hay en casa de papá, aunque los dos estamos trabajando hacia lograr tener algo en común.

Que los castigos, o consecuencias de actos incorrectos de los hijos, se traten en el hogar donde se cometió.

Éste es un tema con el cual tuve que trabajar con una pareja. Se trataba de las muchachitas que se comportaban mal, y que la madre al castigarlas decía: "No puedes ir a ver a tu padre". Ese tipo de cosa no es aceptable. Ella se ponía brava porque "Él tiene que comprender que esto es un castigo".

Pero tienes que castigarlas en tu horario. En tus días. A lo mejor, si los padres han logrado conversar, pueden llegar a un acuerdo que si hay un castigo, por limitaciones de cumplida, se pueda completar en la casa del padre. Pero con el conocimiento de que el padre no tiene que llevar como tú quieres el castigo. Por eso es mejor que se cumpla el castigo cuando te toca a ti.

No es fácil. Y cuando tú tienes una pareja que han logrado llegar a un acuerdo en una cosa así, es a veces una pareja que también llega a decir "¿Para qué nos vamos a divorciar?".

Pero eso es por lo general cuando el amor ha muerto, cuando hay una disolución muy grande en el matrimonio, o cuando hay otra mujer, o hay otro hombre.

CITAS, Y CONSEGUIR OTRO COMPAÑERO

Tarde o temprano, se espera que cada uno va a encontrarse otra pareja.

Pero es más importante que sea tarde y no que sea tan pronto. Yo no creo que debe ser antes de un año, es más, dos. Realmente las mejores parejas son después de tres.

Tienen que ver, como siempre hay excepciones. Si te encuentras con alguien que ya conocías. Si hacía mucho tiempo, inclusive, estabas enamorada de esa persona, se desapareció de tu vida, y apareció. Eso es diferente.

Pero por los hijos, por lo menos un año o dos. Porque va a haber mucho más resentimiento, más frustraciones, y lo van a aceptar muchísimo menos porque lo están mirando como el que va a tomar el lugar de mi papá. Y más que todo lo anterior, porque los hijos tienen la ilusión que mamá y papá van a regresar.

Si existe ya otra pareja, le pido a ese miembro de la pareja que sea discreto, que trate de demorar lo más posible el hecho de que se sepa que tiene una novia o un novio. No nos olvidemos que por muy dolorosa que haya sido la situación del divorcio o de la separación, nos debemos dar un tiempo antes de empezar a salir. Sobre todo con la madre o el padre que está actuando como base. O sea, el que tiene a los niños por más días en la casa.

Los padres que dejan que pase un tiempo antes de comenzar a salir con otros no sólo van a procesar y analizar lo que ocurrió mejor, sino que le dan tiempo a sus hijos a procesarlo también y el poder cerrar las heridas emocionales.

Es darse un tiempo para sanar, procesar y analizar qué fue lo que ocurrió en esta situación. Que no nos olvidemos que al mismo tiempo que nosotros estamos sufriendo, nuestros hijos están sufriendo. Es nuestra responsabilidad hacerlo todo, lo mejor posible para ellos.

RESENTIMIENTO DE LOS NIÑOS

Yo no creo que yo he visto un solo niño que me haya dicho que es mejor que mamá y papá se divorcien.

Y ahí puedo incluir un aspecto muy personal. Mis hijos eran bien grandes cuando nos divorciamos. La más pequeña tenía ya 16 años. Ellos no querían que mamá y papá se separaran.

Es común que los niños se imaginen que "Estas son etapas que van a pasar y ellos van a regresar". Inclusive muchos de ellos boicotean otras relaciones de los padres. Porque todavía quieren mantenerlos solteros, sin compromiso, para volver juntos. Sobre todo, si ya el padre o la madre tiene un novio, y la otra no tiene a nadie, les da como una idea de que esto puede ocurrir. Y si hay varios hermanos, muchos de ellos se ponen de acuerdo para que esto ocurra.

Entonces, si esperamos un poquito más, que pase el tiempo, para que ellos se den cuenta de que aquí mamá y papá no han regresado y no van a regresar, es mejor.

Yo me acuerdo que sobre todo mi hija mayor desde el principio se dio cuenta de que esto era lo mejor para nosotros dos. Pero la más pequeña hizo esfuerzos que hasta cierto punto fueron dañinos para ella, porque quizás el padre lo vio como que ella estaba de mi parte. Ella me dijo que estaba muy molesta que el padre saliera. A los dos más pequeños les disgustó hasta el punto de que, cuando él se unió a una mujer, no la aceptaban.

Como madre dije "Denle tiempo. El divorcio fue una decisión tomada por su madre, y ustedes tienen que darle tiempo a que su padre encuentre a alguien. Ustedes traten a esa persona con respeto. Siempre con respeto".

Eso es algo que cuando viene el divorcio hay que hablar bien claro con los hijos, que porque los padres se divorcian no quiere decir que se le va a faltar el respeto a mamá ni a papá.

CAPÍTULO ONCE

PADRASTROS Y MADRASTRAS

S i no es fácil ser padre o madre, el ser padrastro o madrastra puede ser aún más difícil.

El punto principal es que antes de la unión de dicha pareja se decida el "frente unido": las posiciones que se van a tomar en ese nuevo acuerdo.

Hay quienes quieren asumir el papel de padre/madre biológica, sobre todo en la disciplina. Hay otros que se sienten más cómodos dejando al padre biológico tomar el timón del barco de la disciplina.

Mí opinión es que los dos tomen las decisiones juntas, que la madre no tome la posición antigua de delegar la disciplina al hombre sólo porque él es el hombre.

DANDO TIEMPO AL TIEMPO

También hay que recordar que tenemos que darles

tiempo a los muchachos para que hagan la adaptación a este nuevo acuerdo.

Y, al igual que es importante que los padres se amen y la relación de ellos es importante, más aún la de los "vueltos a casar" pues esto le da estabilidad a los hijos.

Ellos necesitan saber que "Esta persona es importante en mi vida. Ustedes me han visto salir con cuatro o cinco, pero esta persona reúne unas características muy importantes para mí. Es muy responsable, es cariñosa/o conmigo, tiene detalles".

Pero si tú le dices eso a un niño joven y nada más has salido con esa persona un mes, te van a mirar como diciendo "Bueno, vamos a ver cuánto dura".

Y por eso es la importancia de dejar que pase el tiempo, porque sino lo hacemos así les estamos enseñando a nuestros hijos impulsividad en nuestras relaciones. Al principio de una relación, tú no conoces a nadie, porque no has pasado por distintas situaciones que te puedan indicar cómo responde esa persona a tal o cual situación.

Desde el punto de vista ideal, debe haber un tiempo de separación y divorcio, en el cual el niño pueda asimilar qué hubo separación y divorcio. Se asimila que tanto mamá y papá o uno de los dos está saliendo con alguien que es importante en su vida.

Ese proceso no se debe acelerar. Cuando estas mujeres u hombres que a los dos meses de estar saliendo con una persona me dicen "Yo creí que ésa era la persona ideal para mis hijos y para mí", yo les digo: "¡Dos meses! Quizás para ti porque has vivido cuarenta años, puede ser que tú sepas lo que tú quieres, aunque tu historial no es muy bueno; el récord tuyo viene fallando bastante".

Pero a nuestros hijos tenemos que darles el tiempo para adaptarse a que, número uno, estás saliendo con esa persona; número dos, que esa persona parece ser bastante importante en tu vida; y número tres, le vas a dar tiempo para ver cómo será el roce entre tus hijos y esa persona. Y para eso, tienes que tener paciencia y dejar el tiempo apropiado pasar.

Sobre todo si solamente ves a tus hijos tres veces al mes, o dos veces al mes. Entonces, cuando tus hijos llegan para su cita contigo, y estás saliendo con una persona, esa persona tiene que comprender que la atención ese sábado y domingo es un tanto por ciento más para tus hijos que para ella.

Eso no quiere decir que tu relación no es importante, lo es, y muchísimo. Es importante que sus hijos se den cuenta de la importancia que tiene esa relación. Y mientras más estable esté esa relación, más estables se van a sentir ellos.

Entonces, cuando la decisión es de unirse —y esto preferiblemente debe ocurrir después de una ceremonia nupcial—, los niños también han pasado por el noviazgo. Ya han conocido a la nueva pareja. Y al tomar esa decisión, los adultos unirán a los hijos, compartirán con ellos su decisión e inclusive pueden decirles que les gustaría que tomaran participación en la ceremonia.

O, por lo menos, deben hacerlo así. Siempre es mejor que los hijos estén informados sobre la decisión de unirse de la pareja, antes de que esto suceda. Esto no debe ser una sorpresa. Y hay que dejarlos expresar sus sentimientos, dudas y frustraciones. No los juzguen, ni critiquen. Reconoce lo que dicen como: "Escucho que te sientes de esa forma _____ (con ira, triste, asustada, etc.)".

Y, aun así, después que comienzan a vivir juntos, por lo menos los primeros cuatro o cinco meses tienen que darles tiempo para ver cómo se van a tratar. Hay que tener reuniones en esa familia para discutir sentimientos y cómo está funcionando. Si hay un problema entre el compañero que tienes, o la compañera que tienes, y tus hijos, déjalos que ellos resuelvan lo de ellos. A menos que haya un problema de violencia, donde no te queda más remedio que involucrarte.

Pero es importante tener fe en tu pareja, para que tu pareja pueda lograr el acoplamiento. Y para poder confiar en tu pareja, tú tienes que realmente conocer a profundidad a esa persona, conocer cuáles son sus puntos de vista. Sin eso tú no puedes tenerle confianza, sino estás actuando ciegamente.

ESTABLECIENDO LAS NORMAS

De todos modos, llegará el día en que ese niño va a decir "Yo te odio. Tú no eres mi padre". Pero eso del "odio" es algo que los hijos le dicen incluso a su padre biológico. Así que no se asusten con eso, ni lo tomen muy personalmente. Están expresando los sentimientos. Y el padre y la madre deben contestar: "Ya veo que sientes mucha irá contra mí. Me imagino que yo me sentiría igual si me castigaran a tu edad. Pero esto no es cuestión de justicia o injusticia. Hiciste algo mal, ¿sí ó no? ¿Verdad que hiciste algo mal? Entonces hay una consecuencia para eso, y la consecuencia es que no puedes jugar con tu amigo".

Nosotros no estamos en posición de participar en un certamen de quién es la "Srta. Amistad". Pueden decirles "Nosotros queremos criarlos lo mejor posible, para que ustedes sean ciudadanos del futuro, que sepan lo que son las normas de nuestra sociedad".

Además, cuando hay reglas a seguir en un hogar, le están enseñando al niño que también las hay en el mundo. Y que cuando tú rompes una regla o una ley, hay que pagar la consecuencia. Y ése es un punto muy importante. Mientras más temprano lo entiendan mejor. Para que cuando vengan los problemas a los 14 ó 15 años, ya saben, porque hay un patrón de conducta anterior, y ese patrón de conducta te ha demostrado que por más que tú grites, por más que tú ruegues, no vas a conseguir nada. Discusión habrá, pero que ésta es la consecuencia de esto.

Reglas importantes en un hogar son, por ejemplo, que las hembras tienen su cuarto, los varones tienen su cuarto, y uno no puede visitar el cuarto del otro. Esos son momentos privados cuando pueden ver algo que no tienen por qué ver, y hay que saber respetar la privacidad de todos. Y ahí viene también la privacidad de mamá y papá, o mamá y el esposo.

También los niños tienen que tener el mismo respeto hacia la propiedad de los hermanos.

Por eso es importante desarrollar reglas, mamá y el compañero, o papá y la compañera, junto con los hijos: para que comprendan no solamente las reglas, sino el porqué de las reglas. La creación de las reglas conjuntamente con los hijos les da el sentido de responsabilidad, de que ellos establecieron esas reglas. Y si tú dejas a los muchachos hacer las reglas, a veces son más fuertes que las que tú pudieras imponer.

Creo que, como todo, la pareja tiene que determinar por adelantado cuáles son las cosas que van a ser permitidas y cuales no van a ser permitidas. Eso delimita un marco de referencia de lo que es la familia, lo que es esa nueva familia. Aquí yo uso mucho la palabra "familia" porque los jóvenes tienden a reconstruirse una familia. Y si, "Bueno, nosotros tenemos que vivir aquí todos juntos, vamos a ver cómo podemos vivir de esa forma. ¿Cuáles son las reglas? Es lo mismo que cuando ustedes se vayan a la universidad o tengan que vivir con otras personas, cuáles son las reglas que son importantes".

RESOLVIENDO PROBLEMAS ENTRE HERMANASTROS/HERMANASTRAS

Las cosas se complican aún más cuando los dos adultos ya tienen hijos de matrimonios anteriores, y estos niños ahora van a unirse para vivir bajo un mismo techo.

Yo creo que hay que hablar muy claro sobre esto con la pareja. ¿Cuáles son los sentimientos, el comportamiento de estos niños anterior a esta relación? ¿Qué tipo de problema hubo en su casa?

Nos hemos encontrado con situaciones de medio hermanos donde ya había un patrón de conducta anterior, y ahora aún más, debido a la frustración, la ira, y demás, que abusan de su hermanastro.

Entonces, estos son temas por los cuales yo digo que el noviazgo tiene que ser largo. Para que se hablen y se puedan tomar decisiones. Este caso es horrible.

Cuando son casos tan serios como abuso sexual, o uso de drogas, yo no digo que no los reciban, pero lo tienen que recibir con mucho cuidado y con muchas reglas. Y si es necesario ayuda, buscarla. Si no estás dispuesta a hacer eso, no vas a lograr nada.

Tienes que pensar en tus hijos y en el hecho de que tú no eres una diosa, o un dios. Las nuevas esposas piensan que están en competencia con la madre de los niños. Entonces ellas piensan, "Yo, sí puedo". Pero también hay hombres que llegan a ese matrimonio pensando que "Es porque son unos malcriados, porque no los han sabido criar".

Esos niños vienen con sus propios problemas. Si hay posibilidades de que haya una terapia familiar para hablar sobre todos estos puntos, lo recomiendo. Si no es posible, pues que ellos como familia se reúnan a hablar.

Hay que escucharlos. Cuando hay problemas entre hijos del padrastro o madrastra, hay que escucharlos. Hay que darles ideas sobre cómo tratar con el problema. Si te dicen que no te quieren, preguntarles cuál es el problema, por qué se sienten con miedo, decirles que nos ayudaría que sacar el tema a la luz.

Por eso la importancia de las reuniones familiares donde todos pueden ayudar a encontrar soluciones a facilitar el proceso.

Puede ser que hay alguien tímido en la familia. Que no se le ocurre, no se rían de él, sino hay que conocer que ésa es su característica.

Pero también, al mismo tiempo, decirle que si él no se siente cómodo al decir las cosas, que hay que escribirlas en la cajita de los papelitos de lo que es importante. Porque así, cuando se reúnen en familia para discutir, se puede discutir las cosas que lo están afectando a él.

Cuando se comparten los hijos con el padre biológico es importante que tengamos un calendario donde todos lo puedan observar y así cortar discusiones o sorpresas.

Recordamos que los hijos a veces vienen de la otra casa con sus propias frustraciones, y es bueno darles un espacio en vez de hacerles preguntas de cómo les fue. Pues en la mente de ellos pueden pensar que quieres chismes o argumentos para avivar el fuego de la discordia.

DISCIPLINA

Existen dos escuelas.

Hay una escuela que dice que los dos deben suministrar la disciplina. Hay otra escuela que dice que el padre biológico es el que tiene que enforzar la disciplina, o si es la madre, la madre biológica es la que pone en fuerza la disciplina. El compañero nuevo está ahí para respaldarla a ella, para darle amor a los hijos, para ser un amigo, pero que nunca trate de usurparle la posición al padre biológico.

Y yo estoy de acuerdo con eso.

Al mismo tiempo, yo creo que las cosas llevadas a los extremos siempre son malas. Es necesario que los hijos se den cuenta de que los dos integrantes de la pareja están de común acuerdo, y que se apoyan entre sí en cuanto a la disciplina y la importancia de la disciplina. O sea que los dos pueden decidir consecuencias justas a cualquier problema que pueda haber en la familia.

Pero yo creo que notablemente lo que es el padre o la madre biológica son los que deben dar los pasitos. El padrastro/madrastra puede abrazar el papel de amigo al principio, dejándole al padre/madre biológica la disciplina. Deben ayudar a sentar consecuencias lógicas a situaciones negativas.

Por ejemplo: "Me pediste el auto prestado. Te dije que sí. Pero tenías que llegar a cierta hora. Y no lo hiciste, llegaste dos horas mas tarde".

Si el niño es ya un adolescente, él mismo puede ayudar a sentar la consecuencia: "No te lo puedo pedir prestado hasta dentro de _____. Y la semana que viene tengo que regresar dos horas antes o no salir un día".

Como antedicho, las consecuencias del mal comportamiento no deben castigar al otro padre, el biológico. Tiene que cumplirse en el tiempo del padre donde la ofensa ocurrió. En esto los padres biológicos tienen que tomar esa decisión también, y a veces no es fácil y puede ser punto de manipulación.

La madre/padre biológico no debe interferir cuando el padrastro/madrastra tiene problemas. Se debe confiar en que él o ella pueda resolver el conflicto.

ADOPCIÓN

Hoy día hay muchas madres solteras que al casarse sus hijos pasan a ser los hijos de su pareja también, y muchas veces con un gran resultado.

Muchos que me han llamado me dicen "Yo los quiero tanto o más que a los propios".

Los han cuidado desde muy pequeños y quieren adoptarlos, pero no saben el momento adecuado de decírselo.

Mientras más temprano mejor. Pero es importante que reflexionemos en nuestra propia opinión sobre el tema. Si nosotros pensamos que es algo positivo, bueno, generoso y humano, así se lo deberíamos presentar. Y al hablar de eso con ellos, antes de que ellos realmente comprendan el concepto "adopción", primero hay que hacerlos sentir como un niño muy especial, "tan especial que por eso te adopté".

De esa forma va creciendo con la idea: la adopción es algo especial, bueno. Representa algo que ya saben y les trae felicidad al rostro.

Es importante que si el niño se siente impresionado porque alguien ha estado hablando sobre adopciones o en la televisión se está hablando de un caso especial, se pueda establecer una comunicación que se enfoca con preguntas como: "¿Qué piensas de eso?"; "¿Cómo te hace sentir?"; "¿Qué harías en un caso similar?".

Es necesario escuchar sus sentimientos, que los exprese, y que se sienta aceptado con amor por todo lo que es y lo que piensa.

Por supuesto, al hablar de sus padres biológicos se habla con respeto, enfatizando que no fue por él que lo entregaron a ser adoptado, sino por la situación que les ocurrió.

Si el padre/madre fue o es alguien a quien tenemos que proteger o ocultar, es mejor decir que no se sabe mucho acerca de esa persona. Pero no cometamos el error de decirles que es un criminal, porque después cuando comienzan los problemas en la adolescencia, pueden pensar que cuando ellos actúan mal, es por consecuencia inevitable su comportamiento. Más adelante, si es necesario, cuando están formados, cuando son adultos, si preguntan se les puede decir.

Cuando comienzan a querer conocer a sus padres, se les dice que más adelante lo sabrán, que siempre los amarán y que sus preguntas no los hacen sentirse rechazados. Por lo general, esas etapas de preguntas pasan cuando no se les da demasiada atención.

El problema es que a muchos les da miedo decírselo. Éste es un tema de llamada diaria en mi programa. "¿Cuál es la edad apropiada para decirle a mi niño que el padre que él conoció por toda su vida no es el padre?".

Mi pregunta siempre es "¿Y alguien más de la familia lo sabe? ¿Quién del pasado puede estar vivo, que le vaya a decir a ese niño, 'Tú no eres mi hermano'?".

O sea que ese secreto no se puede mantener. Esos secretos hay que decirlos.

Una de las cosas más importantes es que se lo diga lo más pronto posible. Desde el principio, cuando el niño no tenga realmente el concepto de lo que quiere decir ser adoptado. Porque cuando tú ya le incorporas que "Tú eres un niño tan especial que mamá y papá te adoptaron, porque cuando te vi por primera vez, fue maravilloso", y el niño empieza a los seis o los siete años a darse cuenta, ya es tan normal que no lo cuestionan.

Más adelante vienen las preguntas "¿Quién es mi mamá?", y "¿Quién es mi papá?".

Ustedes siempre tienen que tomar la decisión, los padres adoptivos, cuando la mamá sea la biológica y el papá no lo sea, que ustedes nunca van a poner obstáculos en contra de que busque a su padre o a su madre. Que lo aman como siempre. Deben recalcar lo muy especial que el o ella es para ustedes, y mientras menos trabas le pongas a sus preguntas más simple será el proceso. Por lo general esto surge cuando ustedes van a tener un hijo. O cuando ellos llegan a los 20 o 21 años, esto es cuando empiezan de verdad a darles vuelta en la mente estas preguntas de: "¿Y mi mamá y mi papá?".

Pero si tienes una mamá y un papá que han sido justos contigo, cariñosos, amorosos contigo, y te han contestado todas las preguntas, tú le haces menos.

Yo hago una excepción únicamente en el caso de cuando ha sido el resultado de un abuso sexual, de una violación. Es terrible el impacto que eso tiene en una criatura. Es tan horrible porque, número uno, en los casos que yo he visto, la madre mira al niño con rencor. Lo mira como si estuviera mirando al hombre que le desgració la vida, y no ha podido procesarlo con la ley.

Tampoco me gusta que se le diga, por ejemplo, que el padre ha sido un criminal que tiene un expediente penitenciario grande.

He visto casos donde se lo dicen al hijo, sobre todo cuando empieza como todos los adolescentes a comportarse mal, "Te estás pareciendo cada día más a tu padre".

Y ya el niño sabe que el padre estuvo en la cárcel, o que mató a alguien, y ya el niño se hace la idea mental de que él también va a terminar en la cárcel. Yo he trabajado con muchachos que me lo han dicho, "¿Por qué voy a tratar, si yo soy igual que mi padre? Yo hago estas cosas porque yo soy igual que él".

Porque no se dan cuenta de que eso es un proceso entre adultos, de cosas que no están bien hechas, de herir, de robar. No que sea correcto, pero todos lo podemos hacer.

Yo me acuerdo que yo le decía a uno: "¿Y tú te has encontrado alguna vez, un adulto que no haya dicho alguna mentira? Porque los adultos dicen mentiras.

"Ahora, reconocer que tú dijiste una mentira no quiere decir que tú eres mentiroso".

Lo más importante a recordar respecto a los niños adoptados es que son iguales que los demás niños. Necesitan tu amor incondicional. Necesitan ser guiados. Sufrirán por los mismos problemas, y te darán las mismas luchas o quehaceres que cualquier otro niño le pueda dar a sus padres.

Aplica las mismas destrezas que has aprendido en este libro con ellos al igual que lo harías con un hijo de tu propio vientre. Hazlo, y al final te darás cuenta de que son tan tuyos como si los hubieras parido.

CAPÍTULO DOCE

FIN . . . Y UN NUEVO COMIENZO

Hemos llegado al final de este viaje. Pero éste es sólo el comienzo. Ahora depende de ti, que tomes en tus manos las herramientas y el conocimiento que has hallado aquí, y lo uses a diario. Al igual que cualquier destreza, cada vez que la usas o practicas, se hace más fácil. Y según pasa el tiempo, encontrarás cada día una forma nueva de aplicar este conocimiento.

En este nuevo milenio los invito a tomar una resolución de "revisar la mochila" de esas ideas de crianza que nuestros antepasados escribieron y nuestros padres pusieron en práctica, muchas de las cuales han dejado heridas profundas y sentimientos confusos en lo que realmente consiste el amor de padres. Debemos analizar cuáles son esas ideas que nuestra cultura ha abrazado por años que realmente nos han hecho más seguros de nuestras habilidades, nos han puesto en contacto con nuestros sentimientos y nos han hecho orgullosos de ser latinos.

Vamos a limpiar esa mochila de nuestro pasado, y eliminar todas esas instrucciones que no funcionaron en aquel entonces, y que ciertamente no van a funcionar en esta nueva era.

Los invito a encontrar el valor de probar otras instrucciones basadas en una relación amorosa con nuestros hijos, como por medio de este libro y del programa de la Dra. Isabel, en Radio Única, he podido compartir con Uds.

¿Dónde están las instrucciones de este milenio en lo que se refiere a la crianza de los niños?

¿Qué hemos podido aprender hasta ahora si analizamos nuestra historia?

Si leemos las crónicas del siglo XIX, encontramos que el problema de los adolescentes se parece al del presente, por ejemplo, su forma de vestir, su irreverencia, grupos de pandillas, embarazos de adolescentes; y entre los adultos encontramos infidelidades, abuso domestico, alcoholismo y otras adicciones. Se han probado distintas formas de educar sin haber realmente cambiado la situación, y quizás hasta en muchos casos hemos empeorado.

Estas nuevas instrucciones para educar a nuestros hijos deben comenzar por tomar en cuenta si la pareja —el padre y la madre— están de acuerdo en ser padres, y no dejarlo a la casualidad o mejor entendido, a la falta de responsabilidad. No sólo es importante el ser responsable por sus necesidades de casa, comida y ropa, sino también por su bienestar emocional, y más importante su crecimiento moral y espiritual. Esto lo cubrimos en el primer capítulo, ya como mencionamos en el mismo que es la pareja la que es la base de la familia. Si la estructura es segura, así crecerá la familia.

Dado el crecimiento en la tecnología de comunicación, ya estamos viendo que muchas familias pueden trabajar desde su propio hogar, y así se facilita y alimenta el intercambio y contacto más frecuente entre los padres y los hijos. Esto nos regresa a la idea del hogar como centro o eje de nuestra sociedad. Se ha calculado que unos 30 millones de norteamericanos participan en el gremio laboral de esta forma, por medio de faxes, computadoras, etc.

Sabemos que como responsables de nuestras familias tenemos acceso directo a fuentes informativas a nivel familiar, como lo es la salud, la educación de nuestros hijos y su ayuda tutorial, y la educación para nosotros los adultos, sin abandonar nuestro hogar, si así lo decidimos.

Eso significa y subraya la importancia de cómo aprender a comunicarse con nuestros hijos, y si debemos enseñarles la importancia de la comunicación verbal y escrita.

Yo recuerdo las ideas de nuestros abuelos cuando decían que "Los niños se ven, no se oyen". Ésa es una de las ideas que debemos desechar; al igual que "Los niños deben obedecer a los adultos", y esa forma de obediencia ciega nos trajo muchos problemas y sirvió de trampa para muchos niños en contacto con abusadores sexuales, depredadores.

Hoy en día estamos aprendiendo la importancia de

conversar con nuestros hijos desde bien pequeños, pues eso los ayuda a desarrollar su vocabulario, los enseña a expresar con palabras sus emociones; y al hacer esto, no tienen que llegar a la frustración de gritar, pegar, romper, pues esto es sólo señal de no poderse o saberse expresar.

Nosotros como padres debemos ser los que los preparamos para llevar una vida con menos violencia, más seguridad, ya que como adultos les hemos enseñado a enfrentarse al problema buscando la solución y superando la crisis.

Por medio de ese proceso, les enseñamos el pensamiento crítico, a razonar, a poder tomar decisiones lógicas y no ciegamente porque un adulto o un compañero les dice que lo hagan. Aprenden a tomar consciencia de que ellos son los responsables de su propio bienestar físico y moral.

Hemos comenzado a tomar consciencia de que los niños tienen derechos, que hay que tratarlos con dignidad y que no son unos objetos que los adultos utilizan, ni para su propio beneficio en sus negocios, ni para conseguir que alguien los ame.

Yo creo que algunas costumbres se deben conservar, como el comer y rezar en familia, las reuniones de celebración como los cumpleaños, bautizos, bodas, ceremonias de premios de nuestras familias. El relatar a nuestros nietos historias de nuestros antepasados, eso les da un sentido de pertenencia, que sepan quién es el tío Julio, la bisabuela Rosa. Cantarles una canción que significó algo para nosotros, y también dedicarles una canción que nos recuerda a ellos en particular.

Está bien claro que aunque reconocemos que nuestros niños tienen derechos, eso no quita que ellos comprendan que tienen obligaciones que les corresponde a su edad, como la de estudiar y obedecer con respeto a sus padres. Con el derecho de expresar lo que sienten correctamente, aunque no olvidar que la última palabra es de mamá o papá.

Como padres les debemos dar una base sólida, con una disciplina firme pero justa. Somos responsables por establecer límites de acuerdo con la edad que atraviesan, y comprender la importancia de establecer un proceso democrático en las reglas del hogar. Como padres de este milenio, necesitamos aprender a escuchar a nuestros hijos, comprendiendo que cada uno de ellos es único, con características que lo diferencian de sus demás hermanos, pero con una habilidad especial, la cual debemos reconocer.

Hemos visto el gran número de niños que viven en hogares donde sólo está la madre; por eso la importancia de tener comunidades donde haya una red de apoyo, donde existan cooperativas, y donde organizaciones de esas comunidades, como por ejemplo, centros escolares e iglesias cooperen en la crianza de sus niños. Ellos son nuestro futuro, desde los más "perfectos a los que vienen con deficiencias, ya que todos están aquí por un motivo".

Como padres tenemos que enseñarles el camino para que ellos descubran su motivo.

FIN

APÉNDICE

RECURSOS PARA PADRES

AIDS Hotline   800-344-7432
   (Línea de emergencia e información
   en Español sobre el SIDA)

Al Anon   800-344-2666
   (asistencia para parientes
   de alcohólicos)

ALATEEN   800-425-2666
   (asistencia para parientes
   de adolescentes alcohólicos)

Alcohol y Drogas / Línea de referencia   800-252-6465

American Cancer Society   800-227-2345
   (Asociación Americana del cáncer)

American Council on Drug Education   800-488-3784
   (Consejo Americano de educación
   sobre las drogas)

American Heart Association   800-242-8721
   (Asociación Americana del corazón)

American Lung Association   800-586-4872
   (Asociación Americana del pulmón)

Battered Women's Hotline   800-799-7233
   (Violencia domestica / línea
   de emergencia

Child Help National Child Abuse Hotline 800-422-4453
   (Abuso sexual de niños y adultos)

Coalition for Quality Children's Media   505-989-8076
(clasifica los programas de TV, películas
y sitios del Internet. También se pueden
encontrar criticas de videos en
www.reel.com, www.kids-in-mind.com y
www.screenit.com)

Cocaine Hotline   800-262-2465
(cocaína / línea de emergencia
e información)

Cocaine Anonymous World Services   800-347-8998
(asistencia para adictos a la
cocaína)

Covenant House Crisis Hotline   800-999-9999
(Crisis / línea de ayuda)

Dual Recovery Anonymous   800-909-9372
(para adictos a las drogas con
problemas emocionales o psicológicos)

Families Anonymous   800-736-9805
(para parientes de adictos a las
drogas, alcohólicos y personas con
problemas psicológicos o emocionales)

Gay & Lesbian National Hotline   888-843-4564
(Homosexuales / línea de emergencia)

Hepatitis Hotline   800-223-0179
(Hepatitis / línea de emergencia)

Immunization Hotline   800-232-0233
(Inmunizaciones / línea de emergencia
e información en Español)

Marijuana Anonymous   800-766-6779
    (Marihuana anónimos / línea de ayuda)

National Council on Gambling   800-522-4700
    (Consejo nacional del juego)

National Depressive and Manic
Depressive Association   800-826-3632
    (ayuda e información para depresivos
    y maniaco depresivos)

National Mental Health Association   800-969-6642
    (Asociación nacional de salud mental)

National Runaway Hotline   800-231-6946
    (niños desaparecidos y
    fugitivos / línea de ayuda)

Rape & Incest National Network   800-656-4673
    (Red nacional de violaciones
    e incesto)

Sex Addicts Anonymous   800-477-8191
    (Adictos sexuales anónimos)

Sexual Compulsives Anonymous   800-977-4325
    (Compulsivos sexuales anónimos)

Stuttering Foundation of America   800-992-9392
    (Fundación de tartamudos)

Toughlove International   800-333-1069
    (Amor firme internacional)

United Way of America   800-411-8929

ÍNDICE

215